HARRY HARRISON

Nova 2 – eine Anthologie

Von Harry Harrison sind in dieser Reihe erschienen:

Nr. 21 019 *Stationen im All*

Nr. 21 028 *Der Chinger-Krieg*

Nr. 21 031 *Nova – eine Anthologie*

Harry Harrison

NOVA 2

Science-fiction-Anthologie

BASTEI LÜBBE

SCIENCE-FICTION-TASCHENBUCH Nr. 21 040

Amerikanischer Originaltitel: Nova 2
Übertragen ins Deutsche von Lore Straßl

Deutsche Lizenzausgabe 1973
Bastei-Verlag Gustav H. Lübbe, Bergisch Gladbach
Printed in Western Germany
Titelillustration: Eddie Jones
Umschlaggestaltung: Eva Braunova-Kokstein
Gesamtherstellung: Moritz Schauenburg KG, Lahr/Schwarzwald

ISBN 3-404-09922-2

Der Preis dieses Bandes versteht sich einschließlich der gesetzlichen Mehrwertsteuer

INHALTSVERZEICHNIS

OSTWIND, WESTWIND

Von Frank M. Robinson

Es würde nicht nur, wie gewohnt, ein schlechter, sondern ein besonders scheußlicher Tag werden. Vor vier Tagen hatte sich die Inversionsschicht über die Stadt gelegt und es war, als verschlösse man einen Kessel mit einem Deckel. Die Luft braute sich zu einem echten Donora zusammen und verwandelte sich in eine chemische Suppe, so ungenießbar, daß ich es niemandem geglaubt hätte, wenn ich sie nicht selbst zu atmen versucht hätte. Ganz abgesehen davon, daß sie in meinem Hals steckenblieb, schienen meine Augen in Säure gebadet zu werden. Die Sonne war kaum zu sehen – sie hing als blasse, kränkliche Scheibe in einem senffarbigen Himmel. Trotzdem schienen die Straßen ein einziger Backofen. Der Feuchtigkeitsgehalt war so hoch, daß man das Wasser mit den bloßen Händen aus der Luft winden könnte – schmutziges Wasser, selbstredend.

An der Bushaltestelle erkannte ein rotgesichtiger Handelsvertreter mit schlechtem Mundgeruch meine Air Central Marke und wurde recht ausfallend. Selbst nicht gerade gutgelaunt, knurrte ich ihn an, daß wir schließlich die Luft nicht *machen* – zumindest noch nicht –, aber ich nahm dann doch vorsichtshalber die Marke ab, um nicht auch noch von den hustenden und keuchenden Mitfahrern angepöbelt zu werden. Den ganzen Weg schaltete ich alles aus, außer dem beruhigenden Blubbern der überdimensionalen Auspuffiltertöpfe. Ich hätte schwören können, daß ihre Wirkung rein psychologisch war, denn bestimmt hatten sie schon ihre dreißigtausend Kilometer auf dem Buckel und waren absolut wertlos.

Im Betrieb hängte ich meinen Plastiksportmantel auf, zog mir die weiße Operationsmaske vom Gesicht (schwarz, wo sie Mund und Nase bedeckt hatte) und füllte meine Lungen mit der guten maschinenreinen Luft, die nur ganz leicht nach Öl und elektrischen Motoren roch. Einer der Vorteile, für Air Central zu arbeiten, war eben, daß wir die beste Büroluft der ganzen Stadt hatten. Ich warf ein Markstück in den Kaffeeautomaten, stellte ihn auf *ohne Milch* ein und genoß ein paar Sekunden das volle Aroma, während ich mich bemühte, ganz wach zu werden und zu erraten, welchen Auftrag Wanda wohl heute für mich bereitliegen haben würde. Außer mir gab es noch neununddreißig Untersuchungsbeamte, aber da ich der jüngste war, fand ich auf meiner täglichen Auftragskarte gewöhnlich nur unwichtige Beschwerden oder geringfügige Übertretungen, denen ich nachgehen mußte.

Wanda war jung, hübsch und rothaarig. Sie fiel sogar in einem Großraumbüro voll attraktiver Mädchen auf. Ich bot ihr einen Schluck Kaffee an und blickte über ihre Schulter, während sie in der Karte nach meiner Auftragskarte fischte. »Das Zeug da draußen ist eher zum Durchschwimmen als zum Atmen geeignet«, brummte ich. »Wie steht der Anzeiger?«

»Auf vierundachtzig-fünf«, sagte sie leise. »Und er steigt noch.«

Ich starrte sie an. Ich hatte gewußt, daß es schlimm war, aber daß es so arg sein könnte, damit hatte ich nicht gerechnet. Zum erstenmal an diesem Tag spürte ich plötzlich Angst. »Und kein Alarm? Bei fünfundsiebzig sollte doch schon alles in der Stadt gesperrt werden!«

Sie deutete mit dem Kopf auf das Allerheiligste des Direktors. »Die Rechtsanwälte von der Müllabfuhr, von Oberhausen-Stahl und den städtischen Elektrizitätswerken haben sich eine Verfügung erschwindelt. Sie waren schon um acht Uhr hier und hielten sie Monte unter die Nase. Ihrer Meinung nach seien die Maßnahmen undurchführbar, unnötig und kostspielig. Außerdem würden fünfzehntausend Beschäftigte arbeitslos, wenn die Hochöfen und Verbrennungsanlagen außer Betrieb gesetzt würden. Sie haben die Verfügung übrigens von ganz oben bekommen.«

Mir sank die Kinnlade herab. »Wie ist denn das möglich? Hat denn nicht Monte das letzte Wort?«

»Streit du dich mal mit den Politikern herum – wenn du die heiße Luft vertragen kannst.« Sie wirkte plötzlich so schutzlos, daß ich am liebsten in die weite Welt hinausgelaufen wäre, um ein paar Drachen für sie zu töten. »Die Radfahrer von der Unabhängigen Wetter AG haben es sich leicht gemacht und einfach eine Kaltwetterfront für heute abend und zunehmenden Regen für morgen vorhergesagt.«

Der Regen würde die Luft reinigen, dachte ich. Aber die Unabhängige Wetter AG war käuflich, und es wäre deshalb nicht das erste Mal, daß sie wünschenswerten Wetterumschwung meldeten, der dann nicht eintraf. Air Central versuchte schon seit Jahren, die UW aufgrund ihrer Machenschaften für ungesetzlich erklären zu lassen. Aber ihr Geld setzt sich eben durch, und ihr Lobbyist in der Hauptstadt hat die richtigen Beziehungen angeknüpft. Das Unangenehme war nur, falls sie auch diesmal eine falsche Vorhersage veröffentlicht hatten, hätten sie genausogut gleich ein Plastikbeutel über die ganze Stadt stülpen können.

Ich öffnete den Mund, schloß ihn aber gleich wieder. Es hatte ja doch keinen Sinn. Das einzige, was es mir vielleicht einbringen könnte, wäre meine Kündigung. »Und um welchen Kleinkram muß ich mich heute kümmern?« fragte ich.

Sie reichte mir meine Auftragskarte. *Kommen Sie zu mir*, stand darauf, sonst nichts. »Sei nett zu ihm, Jim«, bat Wanda, »er fühlt sich nicht besonders wohl.«

Das beunruhigte mich, denn Monte war so etwas wie ein Vater zu uns allen – ein wirklich reizender alter Herr, obwohl er sich ganz schön durchzusetzen wußte, wenn es sein mußte. Und von Luftkontrolle verstand niemand so viel wie er.

Ich steckte die Karte ein und schritt aufs Allerheiligste zu, da rief Wanda mir nach. Sie hatte ihre langen Beine ausgestreckt und ihren Rock hochgezogen. Ich mußte wohl Schafsaugen gemacht haben, denn sie grinste. »Etwas ganz Neues, säurefeste Nylonstrümpfe.« Was bedeutete, daß sie sich an einem Tag wie heute, an dem ein meßbarer Prozentsatz der Luft, die wir zu atmen versuchten, aus verdünnter Schwefelsäure bestand, nicht einfach auflösen würden.

Als ich sein Büro betrat, steckte Monte gerade den Kopf zum Fenster hinaus. Der Ruß klebte an seinen buschigen Augenbrauen wie Zimt auf Hefenudeln. Wir hatten achtzig Schnüffler über die Stadt verteilt, alle mit Minicomputern, die die Messungen genauestens graphisch aufzeichneten. Trotzdem war Monte einfach nicht davon abzubringen, sich selbst zu überzeugen, wie es um seine Stadt stand — obwohl er damit sogar die Luftsicherheitsbestimmungen brach.

Ich schloß die Tür.

Monte drehte sich um. Plötzlich schüttelte ihn einer seiner Hustenanfälle.

»Setzen Sie sich, Jim«, keuchte er mühsam, »einen Moment noch.« Ich tat, als bemerkte ich nicht, daß er mit zitternden Fingern nach dem Pillenfläschchen in seiner Schreibtischschublade kramte. An den Wänden seines Büros hingen seine selbstgemalten Ölgemälde — ich kategorisierte sie als Romantik des zwanzigsten Jahrhunderts: Eine Berglandschaft mit einem kristallklaren See im Vordergrund, aus dem Angler Forellen fischten; eine Stadtszenerie mit schattigen Palmen entlang einem sonnigen Boulevard; und schließlich eine kurvenreiche Bergstraße, von der ein Mann neben einem alten Auto hinunter auf ein grünes Tal blickte.

Ab und zu erzählte Monte mir von seiner Kindheit bei den Great Lakes und daß er tatsächlich darin geschwommen war. Einmal versuchte er doch glatt, mir weiszumachen, daß es mitten in der Stadt Santalosdiego Orangenbäume gegeben hatte, die Apfelsinen so groß wie Tennisbälle trugen. Ich glaube, er bemerkte, daß ich mich darüber ärgerte. Wenn ich auch der jüngste Untersuchungsbeamte von Air Central war, durfte er mich noch lange nicht für so naiv halten.

Als sein Husten endlich nachließ, sagte ich hoffnungsvoll: »UW behauptet, daß sich eine Kaltfront nähert.«

Er ließ sich auf seinen Stuhl fallen und wischte sich mit einem Taschentuch über das Gesicht. Seine Brust hob und senkte sich heftig, während er sich bemühte, seine Lungen mit neuer Luft zu füllen. »Die Leute von der UW sind verdammte Lügner«, krächzte er. »Von wegen Kaltfront, die nächsten drei Tage wird es kein bißchen abkühlen, ganz im Gegenteil.«

Es gefiel mir gar nicht. »Wanda erzählte mir, was passiert ist«, murmelte ich. Er atmete immer noch angestrengt, dann zuckte er die Schultern. »Das Schlimme ist nur, die Kerle haben in gewisser Hinsicht recht. Wenn wir die Müllabfuhr in einer Stadt von dieser Größe stoppen, werden sich innerhalb von Stunden die Ratten in den Straßen tummeln. Wenn wir die Stromversorgung unterbrechen, bringen wir uns gleichzeitig um die Klima- und Luftreinigungsanlagen — und das wärend der heißesten Sommertage. Und wie können wir den Durchschnittsbürger von der Notwendigkeit überzeugen, daß, um die Luft draußen sauberer zu bekommen, wir sie drinnen viel schmutziger werden lassen müssen?«

Zusammengekauert hockte er hinter seinem Schreibtisch. Mit den Fingerspitzen trommelte er auf die Platte, während sein Gesicht hart wurde. »Aber wenn sie mir auch morgen nicht erlauben, den Notstand zu erklären«, sagte er mit gefährlich ruhiger Stimme, »werde ich die Presse verständigen —« Wieder schüttelte ihn ein heftiger Hustenanfall. Er erhob sich, ein schmächtiger kleiner Mann, dessen Lebensenergie von Tag zu Tag weniger wurde. Er lehnte sich an das Fensterbrett und kämpfte gegen den Erstikkungsanfall. »Dabei könnte es noch viel schlimmer kommen. Stellen Sie sich vor, was erst passiert, wenn die herankommende Luft genauso verseucht ist wie unsere hier! Wenn die Chinesen und Indonesier und die Hottentoten über Toaster und Kühlschränke und anderen elektrischen Krimskrams in gleichem Ausmaß verfügen wie wir hier?«

»Aber die Industrialisierung ist in Asien noch nicht so weit fortgeschritten«, gab ich zu bedenken, doch ganz wohl war mir dabei nicht in meiner Haut.

»Glauben Sie!« brummte er und setzte sich wieder auf den Stuhl. Er war so leicht, daß er das Kissen kaum niederdrückte. Mein Herz tat mir weh, wenn ich ihn so sah, aber ich durfte es ihm nicht zeigen. »Sie wollten mich sehen.« Ich hielt ihm die Auftragskarte hin.

Er stierte sie einen Moment an. Seine Gedanken waren offenbar noch bei den Chinesen. Dann erst wurde ihm bewußt, was er in der Hand hielt. »Stimmt«, krächzte er. »Ich habe etwas für Sie, woran Sie sich die Zähne ausbeißen können.« Er drückte auf einen Knopf auf dem Schreibtisch, und die Wand gegenüber wurde zur Karte der Stadt und der Umgebung vom Ozean im Westen bis zu den Bergen im Osten. Er deutete auf den Abschnitt mit den Tälern des Vorgebirges. »Irgendwo dort gibt es einen Verbrennungsmotor.« Seine Stimme hatte jetzt mehr Kraft, seine Augen waren klarer. »Und es handelt sich nicht lediglich um den Antrieb für die Destilliermaschine einer Schwarzbrennerei oder zur Stromerzeugung, sondern wahrhaftig um ein Privatauto.«

Ich spürte geradezu, wie sich die Härchen auf meinem Nacken aufstellten. Bisher hatte man mir immer nur die Aufklärung von geringfügigen Gesetzesübertretungen zugeteilt, wie zum Beispiel Verbrennung von kleinen Mengen Müll oder heimliches Rauchen, aber der Besitz oder gar die Inbetriebnahme eines Benzinautomobils war ein Verbrechen, auf das in manchen Fällen sogar die Todesstrafe stand.

»Der Schnüffler des dortigen Abschnitts meldete es«, fuhr Monte nun wieder müde fort, »kann jedoch den genauen Ort nicht feststellen.«

»Gibt es sonst noch irgendwelche Hinweise?«

»Nein, lediglich diese eine Meldung. Aber seit mehr als drei Jahren hatten wir keine ähnliche mehr.« Er machte eine Pause. »Versuchen Sie Ihr Glück, möglicherweise werden Sie morgen schon einen neuen Chef haben.« *Das* war etwas, woran ich lieber nicht denken mochte. Ich hatte bereits meine Hand an der Türklinke und wußte nicht, was ich sagen oder wie ich es sagen sollte. Mein Blick fiel auf eines seiner Bilder. »Sie haben da ja eine ganz ordentliche Menge Blau verwendet«, brabbelte ich vor Verlegenheit.

»Es war früher eine recht alltägliche Farbe«, erwiderte er. »Der Himmel war damals noch blau.« Da begann ihn wieder ein Husten. Ich konnte es einfach nicht mehr mitansehen, wie er sich quälte.

Ich mußte mir im Labor ein paar Sachen aus meinem Schrank holen, als ich Dave Ice traf, den Ingenieur, der für die Schnüffler zuständig war. Dave war ein kleiner, etwas dicklicher Mann mittleren Alters mit feingliedrigen Händen. Es machte Spaß ihm zuzusehen, wenn er damit an den empfindlichen Maschinen herumbastelte. Er war unser zweitwichtigster Mann nach Monte. Ich glaube, wenn man mir die Wahl ließe, würde ich später einmal ganz gern in seine Fußstapfen treten. Er wußte es und freute sich darüber und half mir, wo er konnte.

Er tauschte gerade den Filter in einem der Meßgeräte aus, das draußen vor dem Laborfenster hing. Das Blatt, das er herausgeholt hatte, sah aus, als wäre es direkt in Ölruß getaucht.

»Wie lange war es der Luft ausgesetzt?« erkundigte ich mich.

Er blickte mich über seine dicke Brille hinweg an. »Ah, hallo, Jim«, grüßte er mich. »Kaum mehr als vier Stunden. Scheint ganz schön dicht zu werden in der Stadt.«

»Waren Sie denn noch nicht draußen?«

»Nein, Monte und ich blieben die Nacht über hier. Wir hatten beabsichtigt, heute um neun Uhr den Notstand zu verkünden, aber ich nehme an, Sie wissen, was daraus geworden ist.«

Ich öffnete meinen Wandschrank und nahm ein halbes Dutzend neue Masken und einen kleinen Kanister Oxygen heraus. Wenn man längere Zeit dem Verkehrsgewühl ausgesetzt war, mußte man gut ausgerüstet sein. Bei den zugelassenen Fahrzeugen handelte es sich um Busse, Lastautos, Lieferwagen, Polizeielektros und ähnliches. Durchaus nicht alle der Auspuffiltergeräte funktionierten einwandfrei, und sogar die Elektros verbreiteten Säuredampf. Und gar in einem Tunnel war der Kohlenmonoxydgehalt erschreckend hoch. Ich bückte mich, zögerte jedoch, ehe ich aus dem untersten Fach meine kleine Mark II Gyrojet und die Schulterhalfter herausholte. Sie war eine tödliche Waffe, kein Rückstoß, und die winzigen Geschosse hatten mehr Durchschlagskraft als eine 45er.

»Schwierigkeiten?« erkundigte sich Dave.

»Vielleicht. Irgend jemand hat ein Privatauto – Benzin! – und ich glaube nicht, daß der Besitzer es freiwillig herausrücken wird.«

»Das glaube ich auch nicht«, pflichtete er mir bei. Und dann: »Ich hab' davon gehört, aber schon vor drei Tagen, wenn es sich um dieselbe Meldung handelt.«

»Monte hat so viel anderes auf dem Hals«, verteidigte ich ihn. Ich steckte die Masken in meine Tasche und schnallte mir die Halfter um. »Wußten Sie, daß er wieder mal auf der Industrialisierung der Chinesen herumreitet?«

Dave beschäftigte sich mit einer Prüfwalze, die sich langsam unter dem Aufzeichner drehte und Minute um Minute die neuesten Werte des Kohlenwasserstoffs und der Stickstoff- und Schwefeloxyde der Luft eintrug. »Ich kann es ihm nicht verdenken«, murmelte er und fuhr sich über die feuchte Glatze. »Sie haben jetzt begonnen, die Industrieabgase in Schanghai, Djakarta und Mukden zu messen. In den nächsten Tagen dürften wir die ersten Berichte erhalten.«

Der Feuerhauch des Drachens, dachte ich. Wenn er schließlich die Erde umkreiste, würde die Luft die Fähigkeit verlieren, sich selbst zu reinigen und unser aller Tod durch Ersticken ein wenig näherrücken.

Ich steckte den Rest meiner Ausrüstung ein. »Jim«, hielt Dave mich zurück, ehe ich die Tür erreichte. Ich wandte mich um. Er wischte sich gerade die Hände an einem Papierhandtuch ab und blickte mich wieder über die Brille hinweg an. »Seien Sie vorsichtig, ja?«

»Bestimmt«, versprach ich ihm. Wenn Monte mein väterlicher Freund war, war Dave es nicht weniger. Manchmal machte es mich ein wenig verlegen, aber im Augenblick fand ich es ein gutes Gefühl, daß er sich Sorgen um mich machte. Ehe ich mir die Maske umband und mich auf den Weg begab, sagte ich ihm noch auf Wiedersehen.

Draußen war es so dämmrig, als bräche die Nacht bald ein. Die Lastautos und Busse hatten die Schweinwerfer an. Fast alle Fußgänger trugen Masken. In einem Hof auf der anderen Straßenseite spielten ein paar Jungen Fangen, und ich dachte plötzlich, daß die Kinder heutzutage alle so klein für ihr Alter waren. Aber ich beneidete sie – die schlechte Luft schien ihnen nichts auszumachen. Ich sah ihnen ein paar Minuten zu, dann schritt ich die Straße aufwärts. Ein paar Häuserblocks weiter kam ich an einem in der Dämmerung halb verborgenen Apartmenthaus vorbei, das vor ungefähr einem Monat eine Ausnahmebewilligung aus »politischen Gründen« bekommen hatte. Seine Allesbrenneranlagen liefen auf Hochtouren, doch statt daß sich der Rauch und die nicht völlig verkohlten Papier- und Abfallreste in die Luft hoben, sanken sie nach unten und bedeckten die Hauswand mit einer Art öligem schwarzen Schnee.

Mir war plötzlich, als müßte ich ersticken. Ich hielt eines der Elektrotaxis an. Die Gegend, die Monte mir auf der Karte gezeigt hatte, war Forest Hill, ein Villenvorort mit großen Grundstücken, aber manche vielleicht doch klein genug, daß sie gut versteckt zwischen den felsigen Hügeln liegen mochten. Wenn man in einer der Nebenstraßen oder am Ende einer der vielen kleinen Schluchten wohnte, war es vermutlich ohne weiteres möglich, ein Auto zu verstecken und sogar unbemerkt des Nachts damit zu fahren. Und wenn wirklich einer der Nachbarn dahinterkam — nun ja, die Leute, die die verhältnismäßig saubere Gebirgsluft atmeten, hatten andere Ansichten über Luftverschmutzung und so als jene, die im Giftdunst der City leben mußten. *Aber wie kommt man überhaupt zu einem Auto?*

Und spielte es denn wirklich eine Rolle, überlegte ich, während ich durch das Taxifenster in die immer düsterer werdende Dämmerung hinausschaute. Dann schüttelte ich meine Beklemmung ab und beugte mich über den Rücksitz, um dem Fahrer Anweisungen zu geben.

Manche Stellen würden sie ohne große Schwierigkeiten überprüfen lassen.

Das Automobilmuseum war gerade luxuriös — und überfüllt, trotz des normalen Werktags. Die Haupthalle war eine riesige schwarze Marmorkuppel, in der eine Menge uralte Fahrzeuge mit Verbrennungsmotor unter dezent gedämpftem Licht zur Schau standen. Die meisten waren schwarz lackiert, doch einige auch in einem glänzenden Grau und ab und zu sogar in grellem Rot; ihre Chromteile blitzten nur so.

Ich kam mir vor wie in einer Kirche, während ich mit den anderen Besuchern in ehrfürchtigem Schweigen fast auf Zehenspitzen über den Marmorfußboden schritt. Ich betrachtete weniger die Autos selbst als die kleinen Bronzeschilder davor: *Rolls Royce Silver Ghost, Mercer Raceabout, Isotta-Fraschini, Packard Runabout, Hispano-Suiza, Modell J Düsenberg, Flying Cloud Reo, Cadillac Imperial V16, Perrice Arrow,* der erste der *Ford V8* Serie, *Lincoln Zephir, Chrysler Windsor, Club Coup.* Und in einer kleineren Seitenhalle die billigeren Wagen: *Hudson Terraplane, Henry J., Willys Knight,* etwas, das sich *Jeepster* nannte, ein *Mustang, Knudsen,* der 1986er *Volkswagen, der letzte Chevrolet.*

Die anderen Besucher waren alles ältere Jahrgänge. Ihre Mienen spiegelten einen Sturm von Gefühlen wider – eine Mischung aus Liebe und Trauer, Zärtlichkeit und unerfüllbarer Begierde. Ich studierte sie, während sie mit den Fingern über einen Kotflügel strichen oder sich den Motor unter einer der offenstehenden Hauben betrachteten. Sie waren wie mein Vater, dachte ich. Sie alle hatten in ihrer Jugend selbst Autos besessen, damals, vor dem allgemeinen Ablieferungstag. Am gleichen Tag, aber ein Jahr später, mußten dann sogar alle privaten Dampf- und Elektrowagen wegen Verkehrsüberlastung abgegeben werden. Einen Augenblick überlegte ich, was es wohl für ein Gefühl gewesen sein mochte, ein eigenes Auto zu besitzen, aber ich verdrängte den Gedanken schnell wieder. Mein Vater hatte viel zu oft über nichts anderes gesprochen, ehe es mir schließlich zu dumm wurde und ich ihm vorwarf, wie er diese verdammten Dinger nur so lieben konnte, wo er sich sowieso schon die Lunge aus der Brust hustete. Gleich darauf verschwand ich dann auf Nimmerwiedersehen von zu Hause.

Ich ließ die Ausstellungsräume hinter mir und ging zum Büro des Kurators. Seine Vorzimmerdame machte vermutlich gerade eine Kaffeepause. Ich klopfte scharf an der Tür zum Allerheiligsten und trat ein, ohne auf ein Herein zu warten. *C. Pearson,* den Namen hatte ich an der Tür gelesen, war ein dünner, dandyhafter

Typ mit überdimensionaler Nase und einem mickrigen Schnurrbart, so ungefähr fünfundvierzig Jahre alt. »Air Central«, sagte ich höflich und zeigte ihm flüchtig meine Identifikation.

Es schien ihn nicht zu beeindrucken. »Sie gestatten?« fragte er und streckte die Hand danach aus. Ich gab ihm den Ausweis, dann hob er den Hörer ab. Er entschuldigte sich nicht einmal, als er sich vergewissert hatte, daß mich wirklich ein Auftrag hierherführte. »Ich habe weder mit der Heiz-, noch mit der Klimaanlage zu tun«, erklärte er mir von oben herab. »Wenn Sie sich jedoch einen Augenblick gedulden —«

»Ich möchte lediglich eine Auskunft«, unterbrach ich ihn.

Er legte seine Fingerspitzen über der Nase zusammen und blickte mich darüber hinweg an. »Oh?« murmelte er gelangweilt.

Ich setzte mich auf den Besucherstuhl, und er beugte sich kurz zu mir herüber, überlegte es sich dann jedoch anders und lehnte sich wieder zurück. »Wie schwierig wäre es«, fragte ich beiläufig, »eines Ihrer Ausstellungsstücke zu stehlen?«

Sein Schnurrbart zuckte ein wenig. »Es wäre so gut wie unmöglich. Sie sind alle am Boden fest verankert, ihre Tanks sind leer und außerdem sind die Batterien nur Attrappen.«

»Soll das heißen, daß noch nie eines gestohlen wurde?«

»Natürlich«, entgegnete er entrüstet.

Ich schenkte ihm mein höflichstes Abschiedslächeln und erhob mich. »Das wäre es wohl, verzeihen Sie bitte die Störung.« Aber bevor ich die Tür öffnete, wandte ich mich nochmals um. »Ich verstehe zwar kaum etwas von Autos, aber ich interessiere mich dafür. Wie kam es überhaupt zur Gründung des Museums?«

Das war ein Thema, für das er sich erwärmen konnte. »Am Ablieferungstag wurden in fast allen größeren Städten Museen wie dieses gegründet. Einige von ehemaligen Autohändlern, andere lediglich von Liebhabern. Eine Anzahl von Modellen stellte man uns kostenlos zur Verfügung und —«

Als er geendet hatte, sagte ich beiläufig. »Dem Museum einen Wagen zu schenken, dürfte eine gute Tarnung für den Besitzer gewesen sein.«

»Man sollte meinen, die Beamten Ihrer Dienststelle wüßten

Bescheid, wie strikt die Bestimmungen waren«, entgegnete er bissig.

Doch ich gab nicht so schnell auf. »Eine Menge Leute haben doch sicherlich versucht, den Besitz ihrer Autos geheimzuhalten.«

»Ein schwieriges Unterfangen«, antwortete er trocken. »Nicht viel anders, als wollte man einen Elefanten in einem Kinderlaufstall verbergen.«

Und doch hatten es bestimmt viele versucht, dachte ich. Vielleicht war es ihnen auch geglückt, irgendwie eine Anzahl von vollen Benzinkanistern und Ersatzteilen auf die Seite zu bringen. In der Stadt wäre das natürlich so gut wie unmöglich. Aber in den abgelegeneren ländlichen Gegenden, in den Bergen im Westen beispielsweise, oder in den Ozarks, oder den Waldgebieten von Michigan oder Minnesota, oder in den unfruchtbaren Gebieten von Dakota. Einigen war es sicher gelungen, und wer weiß, wie viele unkrautüberwucherte abgelegene Straßen des Nachts von den Scheinwerfern darüberhuschender Automobile mit gedämpftem Auspuff und auf dem Teer singenden Reifen angestrahlt wurden.

Ich setzte mich noch einmal. »Gibt es viele Automobil-Fans in der Stadt?«

»Das ist anzunehmen, wenn man aus der Anzahl von Museumsbesuchern seine Schlüsse ziehen will.«

»Dann könnte also ein smarter Geschäftsmann mit ein paar Autos auf dem Land ein Vermögen machen, indem er sie vermietet. Was meinen Sie?«

Ein dünnes Lächeln huschte über sein Gesicht. »Es wäre zu riskant. Ich könnte mir nicht vorstellen, daß jemand es versuchen würde. Und nach allem, was ich gelesen habe, ist die wahre Leidenschaft der Besitz eines Wagens; ihn nur auszuleihen dürfte nicht befriedigend sein.«

Ich dachte einen Augenblick darüber nach, während Pearson mit einem Brieföffner spielte, und da kam es mir plötzlich. »All die Leute, die so verrückt nach diesen Karren sind — gab es da nicht einmal Automobilclubs?«

Er blickte mich nicht an, und es wurde ganz still in seinem

Büro. Aber es war bereits zu spät und er wußte es. »Ich glaube schon«, erwiderte er nach einer langen Pause, »aber —«

»Aber die Regierung ließ sie auflösen«, sagte ich kalt. »Luftüberwachungsbestimmung Numero neununddreißig und vierzig, Paragraph drei bis sieben: ›Betrifft die Auflösung aller Vereine und Organisationen, die bewußt oder unbewußt zur Verunreinigung der Luft beitragen.‹« Ich kannte diese Bestimmung auswendig. »Aber trotzdem gibt es doch noch Clubs, nicht wahr? Clubs mit geheimer Mitgliederliste?«

Schweißtropfen standen auf seiner Stirn.

»Sie gäben eigentlich einen guten Mitgliedwerber ab, Pearson, bei all den Leuten, die Sie hier kennenlernen —«

Seine verstohlene Handbewegung hinter dem Schreibtisch entging mir nicht. Ich sprang auf, lehnte mich über die Platte und schnappte mir seine Hände. Ein schwarzes Notizbuch glitt auf den Boden. Pearson war kalkweiß und sah aus, als fiele er jeden Augenblick in Ohnmacht. Ich tastete ihn ab und ließ ihn los, denn er trug keine Waffe. Dann hob ich das Büchlein auf und warf einen kurzen Blick hinein.

»Ich muß Sie der Polizei übergeben«, sagte ich kalt. Ein wenig Farbe kehrte in sein Gesicht zurück. Er strich sich nervös sein schweißfeuchtes schwarzes Haar zurück. »Weshalb?« fragte er und seine Stimme klang ein wenig weinerlich. »Sie haben zwar recht interessante Theorien, aber —«

»Meine Theorien hebe ich mir für die Verhandlung auf«, erklärte ich ihm. »Ich verhafte Sie wegen Übertretung des Rauchverbots — Abschnitt elf-dreißig, Punkt fünf des Gesetzes zur Erhaltung der Gesundheit und Sicherheit.« Ich griff nach seiner rechten Hand und drehte sie so, daß die Nikotinflecken an den Fingerspitzen zu sehen waren. »Sie hätten mir fast eine Zigarette angeboten, als ich mich Ihnen gegenübersetzte, haben sich aber gerade noch besonnen. Ich nehme an, daß Sie normalerweise ein recht geselliger Mensch sind, mit dem gut auszukommen ist. Sie rauchen sicher eine Menge und sind vermutlich nicht kleinlich mit Ihrem Tabak. Ist es nicht die rechte untere Schublade, wo Sie Ihren Vorrat aufbewahren?« Ich zog sie heraus und behielt recht. »Eine Zigarette ist ein Vergehen, Pearson, und eine ganze Stange ein Verbrechen. Wir können Sie des illegalen Handels beschuldigen, und man wird uns glauben.« Ich lächelte grimmig. »Aber wir sind nicht abgeneigt, ein Geschäft mit Ihnen zu machen.«

Ich telefonierte mit der Polizei und Air Central, dann setzte ich mich wieder und wartete auf das Erscheinen der Kriminalbeamten. Sie würden bestimmt alles aus Pearson herausholen, aber ich hatte keine Zeit, ein paar Stunden darauf zu warten. Sicher würde es sich bald herumsprechen, daß Pearson verhaftet war, und zweifelsohne würde sich Pearson nach einer Weile an seine Anwälte erinnern und die Rechte, die ihm als Bürger zustanden, die er momentan in der Aufregung vergessen hatte. Mein einziges echtes Plus war das Notizbuch, das nichts als Adressen enthielt.

Ich blätterte es durch und überlegte, wie ich am meisten Nutzen daraus ziehen könnte. Die Adressen hinter den Namen waren über die ganze Stadt verteilt – ein ganzer Haufen. Natürlich brauchte ich mich nur auf jene zu konzentrieren, die in der Gegend lagen, wo der Schnüffler den Benzinmotor aufgespürt hatte. Aber auch das würde viel Zeit verschlingen, außerdem fiele bestimmt keinem ein zuzugeben, daß er ein verbotenes Automobil versteckt hielt. Immer wieder beschäftigte ich mich mit der Idee, mich in den Club einzuschmuggeln, den es ganz sicherlich geben mußte. Ich beschloß, einen Namen aus dem Büchlein herauszusuchen und Pearson dazu zu bringen, mir alles über den Mann zu erzählen und ihn dann ein Treffen im Club arrangieren zu lassen.

Später, als ich das Museum verließ, hielt ich kurz vor dem Ausgang an und band mir eine neue Maske um. Der Hausmeister kam gerade mit einer Rolle Dichtungspapier an und begann sie um die Türkanten zu kleben, wo die Luft wie schwarzer Rauch von draußen hereindrang. Ich hatte plötzlich Angst, mich ins Freie zu wagen.

Der Wind pfiff um meine Ohren. Ich schoß auf die Kurve zu, und nun berührte ich das Gaspedal nur noch ganz schwach. Der Zeiger des Tachometers begann zu fallen. Das Lenkrad schien ein eigenes Leben zu haben und drängte leicht nach rechts. Ich fuhr weit in der Außenspur, während die Bäume am Rand des Asphalts ihre grünen Finger nach mir ausstreckten. Die Hinterräder kreischten. Ich drosselte noch ein wenig, bis das Steuer in Ausgangsstellung kam und ich erneut vorwärtsschoß. Meine Augen hingen an Nummer neun, unmittelbar vor mir. Es war der letzte Abschnitt, und wenn ich ihn jetzt noch überholen könnte, gäbe es nichts mehr zwischen mir und dem Ziel.

Ich fühlte mich völlig entspannt und selbstsicher, eins mit dem vibrierenden Motor. Die Tachonadel stand bereits im Rotbereich, und ich bemerkte durch meine verschmierte Schutzbrille, daß ich mich dem roten Fleck, der die Nummer neun war, langsam aber sicher näherte. Schon hatte ich den Gestank seines Doppelvergasers in der Nase. Es gelang mir, ihn bei der letzten Kurve zu überholen. Nun war ich allein in dieser Welt der geraden Straße, an deren beiden Seiten die Bäume vorbeihuschten, grasende Kühe und alte Scheunen und schließlich die Sperrzäune, hinter denen die Menschenmenge sich dicht an dicht drängte. Das Heulen meines Motors verschlang ihre Begeisterungsrufe, während ich unter den über der Straße gespannten Wimpeln hindurchbrauste. Es roch nach heißem Gummi und Öl und nach Schweiß, der aus jeder Pore meines Körpers drang. Die Sonne brannte auf den glänzenden Asphalt. Aus den Augenwinkeln sah ich verschwommen die Zuschauertribünen und die Zielflagge.

Dann war es vorbei. Die Lichter flammten auf, und ich saß über das Lenkrad gekauert, das vor meinem Platz im Boden befestigt war. Ich hielt es mit beiden Händen fest umklammert, der Schweiß floß mir über das Gesicht und mein Hals brannte, weil ich immer noch den Gestank von Auspuffgasen roch und mir liebend gern die Maske vor das Gesicht gebunden hätte. Es war bei weitem realistischer gewesen, als ich es mir vorgestellt hatte. Die gekrümmte Leinwand erweckte den Eindruck von Tiefe, und jeder Sessel war eigentlich ein Fahrersitz. Sie hatten sogar den typischen Autogestank hereingepumpt.

Die anderen in dem nicht sehr großen Vorführraum streckten sich und machten sich zum Gehen bereit. Ich schob mich ebenfalls hinter dem Lenkrad hervor und erhob mich. Meine Beine waren noch recht zittrig. »Ich freue mich, daß Sie kommen konnten, Jim«, brummte eine tiefe Stimme direkt in mein Ohr. »Sie haben zwar Joe Moore und den Vortrag verpaßt, aber auch die Originalaufnahmen waren großartig, einfach großartig. Nächste Woche steht uns *Meadowdale 1975* zur Verfügung. Ebenfalls recht gut, aber man hat da nicht so ganz das Gefühl selbst dabei zu sein, daran teilzunehmen, ach, Sie wissen schon, was ich meine.«

»Wer ist Joe Moore?« murmelte ich.

»Einer der bekanntesten ehemaligen Veranstalter von Autorennen — kennt eine Menge Anekdoten und viele der großen Rennfahrer. He! Ist Ihnen nicht gut?«

Ich hatte immer noch Schwierigkeiten, mich in der Wirklichkeit zurechtzufinden. Der Lärm, das Rennen selbst, der Gestank, aber ganz besonders der Eindruck, tatsächlich zu fahren. Es war mehr als eine Übelkeit, die aus dem Magen kam. Man mußte in der Innenstadt aufgewachsen sein, wo man Tag für Tag um sein bißchen Atemluft kämpfen mußte, um dieses Gefühl von Ekel zu verstehen, dieses Gefühl, etwas schrecklich Gemeines getan zu haben.

»Doch, doch«, wehrte ich ab. »Alles in Ordnung.«

»Ich habe vergessen. Woher, sagten Sie, kommen Sie?«

»Aus Bosnywash«, log ich. Er nickte, und ich musterte ihn verstohlen. Jack Ellis war größer und kräftiger als Pearson und nicht halb so glatt und weltmännisch — Pearson transpirierte, mein bulliger Freund hier schwitzte. Er war Anfang fünfzig, hatte schon etwas dünnes, sorgfältig gewelltes braunes Haar, einen recht ordentlichen Bauchansatz, den allerdings ein gutgeschneiderter Anzug etwas zu verbergen wußte, und mächtige Schultern, die ihre Breite nicht nur den Schulterpolstern verdankten. Ein typischer Geschäftsmann, schätzte ich ihn ein, die Art, die einem geschickt etwas aufschwatzt, ohne daß man sich übervorteilt fühlt.

»Haben Sie sich schon in den Clubräumen umgesehen?«

»Ich kam erst heute an«, erwiderte ich. »Ich bin zum erstenmal hier.«

»Sehr schön«, freute er sich. »Dann führe ich Sie herum!« Er redete wie aufgezogen. »Zuerst sollten wir uns aber stärken«, schlug er vor. »Unser Koch ist einmalig – und der Speisesaal! Na, Sie werden ja sehen!«

Und ich sah. Wir befanden uns im siebenundachtzigsten Stockwerk des neuen Transamerika Gebäudes. Ellis hatte uns einen Fensterplatz organisiert. Über uns war der Himmel fast so strahlendblau, wie Monte ihn auf seinen Bildern gemalt hatte. Die Straße konnte ich von meinem Stuhl aus nicht sehen.

Ellis schob mir eine Geschäftskarte zu. *Warschawsky & Warschawsky, Automobilantiquitäten,* stand darauf und eine Adresse in der achten Avenue. Er machte eine allumfassende Handbewegung. »Die ganze Inneneinrichtung und Dekoration stammt von uns – beeindruckend, finden Sie nicht auch?«

Da mußte ich ihm recht geben. Sämtliche Wände waren mit Szenen früherer Autorennen bemalt. Aus versteckten Lautsprechern ertönte das sanfte Brummen von schnellen Motoren. In der Saalmitte erhob sich ein Podest, auf dem sich ein glänzender Motor unter einem von der Decke kommenden Scheinwerferstrahl drehte. Während ich noch alles bewunderte, stellte die Bedienung ein riesiges Tablett mit den verschiedensten Hors d' oeuvres auf den Tisch. Erst auf den zweiten Blick erkannte ich, daß das Tablett eigentlich ein altmodisches hölzernes Lenkrad mit silbernen Schüsselchen zwischen den einzelnen Speichen war.

Ellis deutete mit seinem dicken Daumen auf die Speisekarte. »Sie sollten ein Barney Oldfield versuchen«, schlug er vor. »Das ist Roastbeef mit Käse auf Pumpernickel.«

Beim Essen fiel mir auf, daß er mich offen musterte und mit irgend etwas nicht zurechtzukommen schien. »Sie sind noch reichlich jung«, rückte er schließlich heraus. »Wir haben kaum Mitglieder in Ihrem Alter, nicht einmal Besucher.«

»Mein Großvater war Autohändler«, erklärte ich ihm. »Er hatte eine Fordvertretung in Milwaukee – ich fürchte, das hat auf mich abgefärbt.«

Er kaute an seinem Sandwich, dann nickte er und blickte etwas wehmütig. »Autos waren früher einmal das besondere Hobby der jüngeren Generation«, murmelte er, immer noch mit vollem

Mund. »Die Jungen bastelten ständig an ihren Wagen herum. Damals besaß fast jeder ein eigenes Auto.«

»Sie auch?«

»Na klar. Mein Vater hatte eine Tankstelle. Sie war bis zum Ablieferungstag in Betrieb.« Er hing seinen Erinnerungen nach, dann fragte er: »Gibt es in Bosnywash auch Clubs?«

»Ein paar, aber keinen wie diesen«, erwiderte ich vorsichtig. »Und die Gesetze sind besonders streng.« Ich deutete aufs Fenster. »Bei uns im Osten ist man entsetzlich besorgt wegen der Luft.«

Er zog die Stirn in Falten. »Sie glauben doch nicht wirklich alles, was darüber behauptet wird, oder? Das größte Lügenmärchen, das je aufgetischt wurde. Aber ich fürchte, Sie sind zu jung, es zu verstehen. Die Kraftwerke und Verbrennungsanlagen sind die wirklich Schuldigen, das war auch nie anders. Die Menschen ebenfalls — jedesmal, wenn sie ausatmen, verseuchen sie die Luft. Und wenn sie erst so richtig ins Schwitzen kommen! Haben Sie sich das schon einmal durch den Kopf gehen lassen?«

»Ja.« Ich nickte. »Die Schwarzseher übertreiben eben alles.« Ellis würde seine Bemerkungen eines Tages noch zu bereuen haben, das versprach ich mir.

Er stopfte den letzten Bissen seines Sandwichs in den Mund und wischte sich sein fettes Gesicht ab, als wollte er eine Schultafel saubermachen. »Wofür interessieren Sie sich besonders?« erkundigte er sich. »Mir haben es die guten alten Familienwagen angetan, die Fords, Chevys, Plymouths. Ich habe einen ganzen Schrank voll in einachtzehntel Größe von allen Modellen seit 1950. Und Sie?«

Ich schwieg und starrte nur zum Fenster hinaus, während ich mit einem Zahnstocher zwischen meinen Zähnen herumarbeitete, bis er etwas nervös wurde. Dann legte ich den Zahnstocher zur Seite. »Ich bin hierhergekommen, um einen Wagen zu kaufen«, sagte ich.

Sein Gesicht wurde ausdruckslos. »Verdammt teures Hobby«, murmelte er. »Fotografieren käme billiger.«

»Es ist für einen Freund«, erklärte ich. »Der Preis spielt keine Rolle.«

Die Bedienung brachte die Rechnung, und Ellis setzte seine Unterschrift darunter. »Verdammt teuer«, wiederholte er.

»Bei uns zu Hause war einfach nichts zu machen«, gestand ich ihm. »Man gab mir den Rat, es hier zu versuchen.«

Er betrachtete mich fast lauernd. »Und wie wollen Sie das Auto nach dem Osten bringen?«

»Zerlegen und als Maschinenteile mit der Bahn schicken.«

»Und wie kamen Sie auf die Idee, daß gerade hier etwas zu haben sei?«

Ich zuckte die Achseln. »Gebirge, viele Wälder, reichlich unberührte Gegenden und sicher ein Haufen Verstecke. Hier gab es Unmengen von PKWs, bestimmt wurden bei weitem nicht alle abgeliefert.«

»Sie handeln also im Auftrag irgendeines hohen Tiers, stimmt's?« klopfte er auf den Busch.

»Na und?« entgegnete ich. »Ist es nicht egal, wo das Geld herkommt?«

Wenn es stimmt, daß sich die Pupillen erweitern, wenn man etwas sieht, das einem gefällt, und sie sich beim Gegenteil verengen, dann hatte er offensichtlich nichts gegen ein gutes Geschäft.

»Na schön«, murmelte er schließlich. »Bar auf die Hand. Und vielleicht sollten Sie daran denken, daß es gefährlich sein kann, wenn eine so hohe Summe den Besitzer wechselt.« Er lehnte absichtlich so über den Tisch, daß seine offene Jacke einen Blick auf die bestückte Halfter unter der Achselhöhle freigab. Dann setzte er sich wieder zurück und spielte mit dem Hors d'oeuvres-Tablett. »Sie sind nicht der erste«, gab er zu. »Schon mehrere kamen aus dem Osten hierher, um zu kaufen – sieht so aus, als hätten wir uns einen Namen gemacht.« Er zögerte. »Wir bemühen uns auch, die Gefahr auszuschalten.«

Er stand auf und klopfte mir auf die Schulter, als ich mich erhob. Er war wieder ganz der alte mit dem wohlwollenden Lächeln und der Leutseligkeit.

»Damit meine ich«, grinste er, »daß wir versuchen, uns nicht selbst in Gefahr zu bringen.«

Es war schon Spätnachmittag und die Hauptverkehrszeit. Zwar war es nicht so wild wie sonst, denn viele Geschäfte und Büros hatten im Laufe des Tages zugesperrt, aber trotzdem noch schlimm genug. Ich band mir eine Maske um und machte mich auf den Weg in Richtung des Lagerhaus-Stadtteils, etwas außerhalb der Innenstadt. Die Busse waren überfüllt. Es schien unmöglich, ein Elektrotaxi zu bekommen. Außerdem ging bei dem Verkehr sowieso nichts weiter in dem rauchigen Nebel. Die Scheinwerfer hatten kaum die Kraft, ihn auch nur ein paar Schritt weit zu durchdringen, und ich mußte des öfteren meine Taschenlampe auf die Straßenschilder richten, um mich zu orientieren.

Ich hatte mich mit Monte in Verbindung gesetzt, und er erwähnte beiläufig, daß sich die Krankenhäuser mit Bronchitisopfern nur so füllten. Ich fragte lieber gar nicht, wie es mit den Leichenhallen war. Sogar die ganz Oberen begannen sich Sorgen zu machen und hatten Monte versprochen, er dürfe den Notstand ausrufen, falls sich die Lage bis zum Morgen nicht gebessert haben sollte. Ich berichtete ihm, was ich erlebt hatte, aber er schien nicht übermäßig interessiert. Er hatte Wichtigeres im Kopf und meinte, ich würde schon allein wissen, was zu tun war.

Ein paar Straßen weiter ließ der Verkehr ein wenig nach. Schließlich befand ich mich sogar ganz allein zwischen den Lagerhäusern, uralte Ziegelbauten, die dicke Schichten von Ruß und Schmutz angesammelt hatten. Ich fand die gesuchte Adresse und drückte auf den Klingelknopf am Ladetor. Nach einer beträchtlichen Weile hörte ich gedämpfte Schritte und das Tor öffnete sich einen Spalt. Ellis zog mich herein. »Pünktlich, pünktlich«, lobte er mich mit einem freundlichen Grinsen. »Folgen Sie mir, Jim.«

Ich blieb dicht hinter ihm und bemühte mich, nicht an die vor Schmutz klebenden Wände des engen Ganges zu stoßen. Schließlich blieb Ellis vor einer Metalltür mit einem runden Guckloch stehen. Er klopfte dreimal. Das Guckloch öffnete sich, und er sagte: »Joe hat mich geschickt.« Ich fühlte mich verdammt unbehaglich. Um Himmels willen, dachte ich mir, warum das ganze Theater? Dann öffnete jemand die Tür, und ich blickte völlig benommen um mich. Vor mir lag eine riesige Garage mit mindestens einem halben Dutzend alter Wagen und malerisch verstreuten Werkzeugen. Drei Mechaniker arbeiteten unter den starken Deckenleuchten, zwei weitere standen direkt vor der Tür und warteten auf uns. Sie waren noch größer und kräftiger als Ellis, und ich war plötzlich sehr froh, daß ich meine Mark II eingesteckt hatte.

Ellis wandte sich an sie. »Jeff, Ray, das ist Mr. Morrison.« Ich streckte ihnen meine Hand entgegen. Sie nickten nur; kein Lächeln, nichts. »Treten Sie näher«, forderte Ellis mich auf, »ich führe Sie herum.« Ich trottete hinter ihm her, während er mir die Wunder seines Reiches zeigte. »Eine mit allen Schikanen eingerichtete Garage«, erklärte er mir. »Mein Vater wäre stolz auf mich gewesen, wenn er es noch erlebt hätte. Wir haben einen eigenen Brückenkran, eine Reifenaufzugmaschine, eine Drehbank, denn eine Menge Teile müssen wir selbst herstellen, die ursprünglichen sind nirgends mehr zu bekommen, und der letzte Autofriedhof ist längst schon eingeschmolzen.« Er hielt bei einer Werkbank an, hinter der ein riesiges Regal über und über voll Werkzeug hing. »Es hat eben sein Gutes, im Antiquitätengeschäft zu sein«, er grinste. »Man kommt zu allen ländlichen Auktionen. Sie würden sich wundern, was man da noch alles auftreiben kann. Vollständige Sätze Drehmomentschlüssel, metrische Steckschlüsselsätze, Schraubstöcke, Mikrometertaster, alles, was man sich nur wünschen kann.«

Ich betrachtete das Regal — offensichtlich war er sehr stolz auf sein Werkzeugsortiment —, da hatte ich plötzlich ein ganz sonderbares Gefühl. Es kam mir alles so unecht vor, alles, die ganze Sache, aber ich hatte keine logische Erklärung dafür.

Ellis tätschelte liebevoll den Kotflügel eines Wagens. Dann knöpfte er seine Jacke auf, daß die Halfter zu sehen war. steckte beide Daumen in die Weste, lehnte sich gegen das Auto hinter ihm und lächelte. Irgendwo hatte er sogar einen Strohhalm gefunden, an dem er nun kaute.

»Also, Jim, an welches Modell hatten Sie gedacht? Die Auswahl ist zwar nicht überwältigend, die Preise sind immens, aber dafür hatten wir nie einen unzufriedenen Kunden.« Er deutete mit dem Ellbogen auf den Wagen, gegen den er lehnte. »Sehen Sie sich diesen 1957er Chevy Biscayne an. Vermutlich der einzige seiner Art im ganzen Land in diesem perfekten Zustand. Zehntausend, und er gehört Ihnen – aber der Preis ist nur für Sie, weil Sie mir sympathisch sind.« Er schritt auf ein protziges Exemplar in Blau mit viel glänzendem Chrom zu. »Oder vielleicht gefällt Ihnen dieses 1976er Caddy Kabriolett besser? Sitze und Innenverkleidung, alles echtes Kunstleder – eines der letzten überhaupt.« Er fügte nicht hinzu warum, aber das wußte ich ohnehin. Im dichten Verkehr konnte der hohe Luftanteil an Monoxyd tödlich für den Fahrer eines offenen Wagens sein.

»Das«, Ellis deutete auf ein weiteres Auto, »können Sie für fünfzehntausend haben« – er hielt kurz inne und warf mir einen freundschaftlichen Blick zu –, »was zum Teufel, Ihnen, Jim, gebe ich es für zwölfeinhalb. Und glauben Sie mir, das ist wirklich ein guter Kauf. Es ist beinahe fabrikneu, wurde kaum fünfzehntausend Kilometer gefahren. Es gehörte einer alten Dame aus Pasadena. Sie fuhr damit nur zu Hochzeiten.«

Er grinste und wartete, wie ich auf seinen Witz reagierte. Ich verzog keine Miene. »Vielleicht wollen Sie sich auch erst ein wenig allein umschauen?« schlug er vor. Er lächelte selbstzufrieden, und das störte mich irgendwie.

»Mhm«, murmelte ich abwesend. »Das werde ich tun.« Ich entdeckte ein Wandtelefon in der Nähe eines älteren Modells und schritt darauf zu.

»Das ist einer der ersten Knudsen Zweisitzer«, erklärte Ellis, der mir folgte. »Sehr beliebt beim Psychedelic-Set. Er kam tatsächlich mit so buntem Muster aus der Fabrik.«

Ich fuhr mit der Hand leicht über die Windschutzscheibe, dann drehte ich mich zu dem zufrieden grinsenden Ellis um. »Sie sind verhaftet«, sagte ich hart. »Sie und alle hier.«

Sein Gesicht wirkte auf einmal wie eingefroren. Einer der Mechaniker bewegte sich, und schon hatte ich meine Mark II aus der Halfter und schoß über seine Schulter hinweg. Kein Knall, kein Rückstoß, nur ein plötzlicher Funkenregen aus dem Lauf, und am entgegensetzten Ende der Garage krachte eine Fünfziggallonenöltonne. Sie hatte ein kinderkopfgroßes Loch.

Der Mechaniker wurde kalkweiß. »Mein Gott, Jack«, murmelte er, »was hast du da für einen Verrückten angeschleppt!« Ellis war ebenfalls totenbleich und zitterte am ganzen Körper, was mich verwunderte, denn ich hatte ihn für härter gehalten.

»Alle zur Werkbank!« befahl ich. »Die Hände auf dem Bauch verschränkt, und wagt nicht, euch zu rühren.« Die Mechaniker waren offensichtlich völlig eingeschüchtert, und Ellis versuchte verzweifelt seine Beherrschung wiederzuerlangen. Ich nahm den Hörer in die Hand und wählte.

Nachdem ich aufgelegt hatte, fragte Ellis: »Wie lautet die Anklage?«

»Anklagen!« korrigierte ich ihn. »Abschnitt drei, vier und fünf des Luftwachungsgesetzes. Instandhaltung, Verkauf und Gebrauch von Verbrennungsmotoren.«

Ellis starrte mich verblüfft an. »Dann wußten Sie gar nicht —« murmelte er schwach.

»Was wußte ich nicht?«

»Daß ich mich nicht mit Benzinmotoren abgebe.« Er fuhr sich mit der Zungenspitze über die Lippe. »Wirklich nicht, das wäre mir zu riskant, es ist — es ist gegen das Gesetz.«

Das Werkzeugregal, dachte ich plötzlich. Das verdammte Werkzeug. Als ich es betrachtet hatte, war mir schon klar gewesen, daß irgend etwas nicht stimmt. Gleich da hätte ich der Sache nachgehen müssen.

»Sehen Sie doch selbst«, schlug er eifrig vor. »Heben Sie eine Kühlerhaube hoch.«

Er hatte sein Gesicht verzogen, als bisse er in einen sauren Apfel. Ich winkte ihm mit der Pistole zu. »Öffnen Sie eine!« Ellis nickte und watschelte auf den nächsten Wagen zu. Er drehte irgend etwas am Armaturenbrett, dann hob er die Haube und trat zurück.

Ein Blick genügte. Ein Zentnergewicht schien auf mich zu drükken. Ich war bestimmt kein Motorsachverständiger, aber den Unterschied zwischen einem Benzinmotor und einer Dampfmaschine kannte sogar ich. Das erklärte also das Regal. Die ganzen Werkzeuge dort waren nur Schaustücke gewesen. Die meisten waren nagelneu, weil sie eben nie benützt worden waren, weil es nichts gab, wofür man sie benützen konnte.

»Sie werden mit Dampf betrieben«, erklärte Ellis fast entschuldigend. »Ich habe eine behördliche Genehmigung für Restaurationsarbeiten und den Einbau von Dampfmaschinen. Die Wagen sind natürlich in den Städten nicht erlaubt, wohl aber auf abgelegenen Farmen, Landsitzen und in kleineren Ortschaften.«

Er blickte mich an. »Die Lizenz kostete mich ein Vermögen.«

Es war wirlich ein Nachteil, in der Stadt aufgewachsen zu sein, dachte ich. »Aber warum dann das ganze Theater? Warum das Schießeisen?«

»Das da?« fragte er mich. Er griff nach dem Halfter und ließ den Spielzeugrevolver auf den Boden fallen. »Die Gefahr gibt der Sache doch erst den richtigen Reiz, das gehört zur Verkaufspsychologie.« Er versuchte empört zu sein, aber dazu war der Schreck zu groß gewesen, er steckte ihm immer noch in den Gliedern. »Die Kunden zahlen eine Menge Geld, dafür wollen sie auch ein bißchen Dramatik. Darum auch das Guckloch und alles andere.« Er atmete tief ein, und als er die Luft wieder ausstieß, klang es wie ein Kichern. Ein Laut, der einfach nicht zu dem großen Kerl paßte. Ich befürchtete schon beinahe, er habe einen Herzanfall. »Ich bin gutbekannt«, sagte er mürrisch. »Ich annonciere–«

»Der Klub«, wandte ich ein. »Er ist illegal.«

Auch wenn sein Lächeln schwach war, war es doch zumindest echt, und plötzlich war mir alles klar. Der Club war wie eine verbotene Kneipe zur Zeit des Alkoholverbots, alle wußten davon, doch keiner dachte auch nur daran, etwas dagegen zu tun. Schon gar nicht, wenn die Mitglieder hauptsächlich aus Politikern und anderen einflußreichen Leuten bestanden. Und warum auch. Ältere hatten eben nicht meine Ansichten. Natürlich hatte ich mir die Namen in Pearsons Notizbuch angesehen, aber ich war gar nicht auf die Idee gekommen, sie mit bekannten Persönlichkeiten in Beziehung zu bringen. Ich war eben noch nicht lange genug in dieser Stadt.

Ich winkte Ellis zur Werkbank zurück und starrte das Häufchen düster an. Der Mechaniker, den ich mit der Mark II erschreckt hatte, hatte einen sich vergrößernden nassen Fleck an der Hose, und einen Moment tat er mir leid.

Dann begann ich mir selbst leid zu tun. Monte hätte mich eingehender informieren müssen, oder mir zumindest einen erfahreneren Kollegen mitgeben sollen, aber er war viel zu krank und zu sehr mit wichtigeren Dingen beschäftigt. Und ich sauste Hals über Kopf los und bildete mir auch noch was ein auf meine Klugheit. Das einzige, was ich erreicht hatte, war voraussichtlich ein Zivilprozeß, mit Ellis als Ankläger gegen die Air Central, der gut und gern eine Million verschlingen würde.

Es war ein schwarzer Tag, und nicht nur draußen.

Ich vergrub mich am Abend in einer Bar, das war sicher das Klügste, das ich tun konnte. Trotz ihrer Masken hatten die Leute auf der Straße begonnen, sich zu übergeben, und meine eigene Übelkeit war mit jedem Schritt gewachsen. Ich sah einen Mann, der versuchte, ein Streichholz anzuzünden, um das Straßenschild zu entziffern. Es wollte einfach nicht brennen, kein Wunder, die Luft enthielt nicht genügend Sauerstoff. Die Sirenen der Rettungswagen waren nun ständig zu hören, und ich wußte, es würde eine schlimme Nacht für die Herzkranken werden. Sie würden dahinsterben wie die Fliegen, dachte ich.

Ein neuer Gast schlug die Tür hinter sich zu. Er schnaufte und hustete und atmete die maschinenreine Luft der Bar in tiefen gierigen Zügen ein. Ich bestellte einen weiteren Drink und bemühte mich, den Mann nicht zu hören. Er erinnerte mich zu sehr an den keuchenden und hustenden Monte hinter seinem Schreibtisch.

Mit dem kommenden Morgen hatte Monte vielleicht schon keine Stellung mehr. Meinen Job konnte ich jedenfalls abschreiben. Ich hatte mit einer Gründlichkeit danebengetippt, die meine Dienststelle eine große Summe kosten würde – das war etwas Unverzeihliches.

Ich goß die Hälfte meines Drinks auf einen Zug hinunter und begann die Ereignisse des Tages noch einmal vor meinem geistigen Auge ablaufen zu lassen. Den einzigen Pluspunkt, den ich für mich buchen konnte, war der, daß ich mit Pearsons Zigarettenlager richtig getippt hatte. Von Ellis' Geschäft hatte ich nichts gewußt, was allerdings auch nicht sehr überraschend war. Niemand würde es heutzutage wagen, mit einem Ding, das wie ein Benzinfahrzeug aussah, durch die Stadt zu kutschieren. Die Cityleute hätten ihn gesteinigt, ehe er noch einen Kilometer weit gekommen wäre.

Aber irgend jemand besaß ein Auto! Jemand, der reich sein mußte und sich in einer geschützten Position befand. Hauptsächlich natürlich jemand, der verrückt nach so einer Bezinkutsche war. Doch so ganz paßte das Bild noch nicht. Wirklich wohlhabende Leute standen zu sehr im Blickfeld der Öffentlichkeit, genau wie Politiker. Nicht nur ihr Ruf wäre ruiniert, falls sie geschnappt würden, sondern auch ihre Karriere. Außerdem mochte es vorkommen, daß so ein armer Teufel, wie der am Ende der Bar, der sich halb die Lungen aushustete, ihm den Hals umdrehte.

Es mußte demnach jemand sein, der zwar Geld hatte, aber doch nicht soviel, daß es auffiel. Jemand, der ein richtiger Autofan war – das stand fest, denn sonst würde er nicht dieses Risiko auf sich nehmen. Und jemand, für den dieses Risiko minimal war.

Und dann ging mir plötzlich ein Licht auf. Ich war mir nicht hundertprozentig, aber eben doch so sicher, daß ich mein Leben dafür eingesetzt hätte. Konnte aber leicht sein, daß ich genau das noch tun müßte.

Ich band mir wieder mal eine Maske vor und stürmte fast zur Tür hinaus. Erst als ich draußen war, sympathisierte ich mit dem neuen Gast, der gerade die Bar betreten wollte und völlig verzweifelt dreinschaute.

Es war wie in einer Waschküche, obwohl die Temperatur ein wenig gesunken war, so daß mein Hemd zumindest nicht mehr schweißtriefend an mir klebte. Die Busse mußten durch die Straßen gelotst werden, ihre Scheinwerfer reichten kaum noch einen

Schritt weit. Das schlimmste war, daß sie Reifenspuren in etwas hinterließen, das wie feuchte graue Asche den Boden bedeckte. Die meisten Leute, denen ich begegnete oder mit denen ich trotz aller Vorsicht zusammenstieß – denn mehr als schwache Schatten in der Nacht waren sie ja nicht –, hatten ihre Masken in Wasser getaucht, um so mehr Schutz zu erzielen. In vielen unteren Stockwerken von Bürohäusern brannte Licht. Ich nahm an, daß einige der Angestellten gar nicht versucht hatten, es bis nach Hause zu schaffen. Die Luft zwischen den Aktenschränken war zweifellos reiner als bei ihnen zu Hause.

Nach einer guten Stunde Fußmarsch begannen die Gehsteige ein wenig anzusteigen, und ich wußte, daß ich mich den ersten Hügeln näherte. Ich würgte ein Dankgebet hervor, daß der Geschäftsbezirk näher an den Bergen als am Meer lag. Meine Füße waren wund und meine Lungen schmerzten. Ich fühlte mich müde und niedergeschlagen, aber zumindest mußte ich nicht mehr husten.

Die Abstände zwischen den Häusern wurden breiter, und schließlich gab es außer mir keine Menschenseele mehr auf der Straße. Normalerweise nahm die Polizei jeden zur Befragung aufs Revier mit, den sie zur späten Stunde noch auf den Straßen von Forest Hills antraf. Aber ich bezweifelte, daß sie heute nacht überhaupt unterwegs war. Vermutlich hatte sie viel zu viel damit zu tun, die vielen Herzkranken zum Franziskaner-Krankenhaus zu bringen.

Der Schnüffler befand sich auf dem Dach eines uralten Hauses in einer Seitenstraße. Als ich ihn sah, hielt ich den Atem an – denn direkt von hier bog die Straße aus dem Sichtbereich in eine Schlucht. Ich blickte zurück auf das alte Haus, das durch das graue Mondlicht gerade noch zu sehen war. Die Fenster waren mit Brettern verschlagen, und auf einem Schild stand »Zu vermieten«. Ich schritt darauf zu und richtete meine Taschenlampe darauf. Es war alt, die Farbe blätterte ab. Vermutlich hing es schon seit Jahren hier. Offensichtlich war niemand daran interessiert gewesen, die Parterrewohnung zu mieten. Nie? Oder vielleicht doch, und dieser Jemand hatte sich entschlossen, die Fenster vernagelt zu lassen. Ich fuhr mit der Hand über die Bretter eines der Fenster und entdeckte ein Astloch. Mein Finger, den ich durchstreckte, berührte dickes Glas. Ich kniete nieder und ließ den Strahl meiner Taschenlampe darauf fallen. Mein eigenes Auge blickte mich an. Das Glas war von innen schwarzgestrichen und wirkte wie ein Spiegel.

Ich trat ein paar Schritte zurück und betrachtete das Haus. Irgend etwas daran empfand ich als merkwürdig. Die bretterverschlagenen Fenster, die ungewöhnlich groß waren – und die ebenso ungewöhnlich großen, ebenfalls mit Brettern verschlagenen Türen. Ich leuchtete mit der Taschenlampe die Wand darüber ab, und trotzdem der Zahn der vergangenen Jahrzehnte daran genagt hatte, war die Schrift noch schwach erkennbar. 'R ICHARD SE VE RN – 'L INCOLN – ME RCURY, entzifferte.

Volltreffer! triumphierte ich. Ich blickte mich um – es war niemand zu sehen – und lauschte. Keinerlei Geräusch, außer dem des weit entfernten Verkehrs in der Innenstadt. Eine zum Ersticken heiße Nacht in der City; trotzdem würden die Parks und Balkone leer sein, und fünf Millionen Menschen sich bei geschlossenem Fenster schlaflos in den Betten herumwerfen und -wälzen. Aber es wäre reiner Selbstmord, die Fenster zu öffnen oder gar im Freien zu schlafen.

In Forest Hill war es kühler – und ruhiger. Ich preßte mein Ohr gegen eines der Bretter am Fenster, und es war mir, als hörte ich gedämpfte Schritte und einmal das Klirren von Metall auf Metall. Ich wartete einen Augenblick, dann schlich ich zur Seitentür mit der Aufschrift *A IR CENTRAL* in großen schwarzen Buchstaben. Alle Untersuchungsbeamte verfügen über Hauptschlüssel. Ich sperrte auf und kletterte die Stiege hoch. Es befand sich niemand im oberen Stockwerk. Die Lichter waren alle ausgeschaltet, und das einzige Geräusch war das Kratzen der Schnüffleraufzeichnungsstifte auf der Papierrolle. Am hinteren Ende des Gangs führte ebenfalls eine Treppe nach unten. Ich stieg auf Zehenspitzen hinab. Die Tür direkt neben der Stiege stand offen und führte durch einen kurzen Korridor. Irgend etwas, vielleicht der Geruch der Luft, verriet mir, daß sich erst vor ganz kurzer

Zeit jemand hier aufgehalten hatte. Ich schloß die Tür hinter mir und stand einen Augenblick in völliger Finsternis. Kein Geräusch drang durch die Tür vor mir. Ich tastete nach dem Knopf. Er ließ sich drehen.

Vorsichtig öffnete ich einen Spalt und blickte hindurch — nichts. Ich öffnete die Tür weiter und trat in einen ehemaligen Ausstellungsraum. Die durch einen grünen Lampenschirm gedämpfte Glühbirne hing niedrig von der Decke, und in der Zugluft schwang sie leicht hin und her, daß ihr Schatten an den Wänden tanzte. Am Ende des langen Raums waren zwei kleinere Büros abgeteilt, in denen früher sicher Verkäufer und Vertreter ihre Geschäfte abgesprochen hatten. Viel mehr gab es hier nicht, außer ein paar Werkzeuge, die auf dem Boden unter dem Lampenlicht verstreut herumlagen, und natürlich, genau in der Mitte — der Wagen.

Ich hielt den Atem an. Er war nicht mit Jack Ellis' umgearbeiteten Familienautos zu vergleichen. Er kauerte fast sprungbereit, wie ein mechanisches Raubtier, auf dem Boden — eine stromlinienförmige Bestie, deren Schnauze an einen Hai erinnerte. Die Scheinwerferlampen saßen tief in den Kotflügeln und waren von viel glänzendem Chrom umgeben. Die Kühlerhaube floß in die Windschutzscheibe über und die wiederum in ein niedriges Verdeck, das flach über die Hinterräder hinabführte. Die Räder hatten glänzende Speichen, die im direkten Schein der Lampe leuchteten, und durch eines der Seitenfenster sah ich ein mit Anzeigern überladenes Armaturenbrett, die Gangschaltung und körperangepaßte schwarze Sitze, die herrlich bequem aussahen und von denen ich instinktiv wußte, daß sie mit echtem Leder bezogen waren.

Eine geschmeidige kraftvolle Bestie, dachte ich. Es wurde mir selbst nicht bewußt, daß ich fast liebkosend über einen Kotflügel strich, bis eine Stimme hinter mir erklang: »Ist er nicht wundervoll?«

Ich wandte mich um, wie im Zeitlupentempo. »Ja, Dave«, pflichtete ich ihm bei. »Er ist wunderschön.« Der Besitzer war Dave Ice von Air Central, Leiter der Schnüfflerabteilung

Er mußte wohl in einem der kleinen Büros gestanden haben, denn anders hätte ich ihn gar nicht übersehen können. Er kam heran und blieb auf der anderen Wagenseite stehen. Er fuhr mit der Linken über den Kotflügel, mit derselben Zärtlichkeit, mit der eine Frau ihre geliebte Katze streichelt. In seiner Rechten hielt er eine kleine Mark II direkt auf meine Brust gerichtet.

»Wie haben Sie es herausgefunden?« fragte er wie beiläufig.

»Erst dachte ich an Monte«, gestand ich. »Aber dann kam es mir, daß Sie für Maschinen so verdammt viel übrig haben.«

Seine Augen glänzten zu sehr für meinen Geschmack. »Sagen Sie«, fragte er gespannt, »hätten Sie Monte angezeigt?«

»Selbstverständlich«, erwiderte ich. Ich fügte nicht hinzu, daß es mir sehr schwergefallen wäre, daß ich nicht einmal gewagt hatte, auch nur diesen Aspekt zu denken.

»Ich vielleicht auch«, murmelte er, »als ich in Ihrem Alter war.«

»Die finanzielle Seite hat mir anfangs ein wenig Kopfschmerzen bereitet«, gab ich zu.

Er lächelte schwach. »Er ist ein Familienerbstück. Mein Vater kaufte ihn, als er noch jung war, und er brachte es nicht übers Herz, ihn abzuliefern.« Er legte seinen Kopf schief. »Könnten Sie es?« Ich blickte ihn unsicher an, antwortete jedoch nicht, so fuhr er fort. »Na, erzählen Sie schon, Jimmy, wie Sie dahintergekommen sind.«

Das Blut stieg mir in den Kopf. »Es mußte sich um jemanden handeln, der wußte – der absolut sicher war –, daß man ihn nicht fassen würde. Die Schnüffler arbeiten fehlerfrei, mußten also auf jeden Fall den Wagen registrieren. Es gab demnach nur eines, nämlich ihre Aufzeichnungen zu manipulieren. Und das zu tun, sind nur Sie und Monte in der Lage.«

Ein weiteres schwaches Lächeln.

»Sie haben recht.«

»Wie kam es dann, daß Sie vor ein paar Tagen die Aufzeichnungen nicht korrigierten?« fragte ich nun.

Er zuckte die Schultern. »Ich war krank und kam nicht rechtzeitig genug zur Arbeit, um mich selbst um die Auswertungen zu kümmern.«

»Und dadurch flog es auf«, murmelte ich.

Er schwieg, und ein paar Augenblicke standen wir nur da und bewunderten den Wagen.

Schließlich sagte er mit großem Stolz in der Stimme: »Er ist hundertprozentig in Schuß. Sechszylinderreihenmotor, 4.2 Liter Hubraum, Verdichtungsverhältnis 9:1, Zweinockenwellentriebwerk und Zwillings-Zennit-Stromberg-Vergaser —«

Er hielt inne. »Sie haben keine Ahnung, wovon ich spreche, habe ich recht?«

»Stimmt«, gab ich zu.

»Möchten Sie den Motor sehen?«

Ich nickte. Er trat näher und winkte mir mit der Mark II zu, etwas zurückzutreten. Dann öffnete er die Motorhaube. Um ihn so richtig würdigen zu können, hätte man natürlich etwas von Motoren verstehen müssen. Er war so sauber wie neu, auf Hochglanz poliert und kauerte unter der Haube wie ein wunderschöner, gepflegter Panther. Und er war groß, so groß, daß ich mich wunderte, wie die Haube sich überhaupt schließen ließ.

Da erst kam es mir wie ein Schock, daß ich mich überhaupt nicht so benahm wie ich eigentlich müßte, und das schon die ganze Zeit, seit ich den so realistischen Film im Club gesehen hatte.

»Sie dürfen sich ruhig hineinsetzen«, gestattete Dave. »Aber bitte berühren Sie nichts.« Seine Stimme war sanft. »Alles an diesem Wagen funktioniert, Jim. Alles ist in perfektem Zustand. Der Tank ist voll, die Batterie ist geladen, und wenn Sie möchten, könnten wir eine kleine Spazierfahrt unternehmen.«

Ich zögerte

»Die Nachbarn —«

»— kümmern sich um ihre eigenen Angelegenheiten«, erklärte er mir. »Sie sehen die Dinge in einem anderen Licht. Ich fahre auch nur mitten in der Nacht und außerdem bin ich damit schon in Sekunden in den Bergen. Kommen Sie, steigen Sie ein.« Als ich nicht gleich reagierte, wurde seine Stimme hart. »Steigen Sie ein«, wiederholte er, aber diesmal war es ein Befehl, keine freundschaftliche Aufforderung mehr.

Gehorsam öffnete ich die Wagentür und schlüpfte auf den Fahrersitz. Nun war der Film Wirklichkeit geworden. Ich legte die Hände um das Steuerrad und warf einen Blick auf die Schaltung. Es war mir, als spürte ich bereits den Wind um meine Ohren brausen und hörte das zufriedene Brummen des Motors.

Etwas Hartes drückte gegen meine Schläfe. Dave hielt die Pistole umkrampft und im Rückspiegel sah ich, wie sein Finger sich krümmte und den Abzug um einen Millimeter zurückzog. *Lieber Himmel –*

Er entspannte sich. »Sie müssen aussteigen«, sagte er beinah entschuldigend. »Es wäre zwar sehr passend, aber das ganze Blut im Wagen –«

Ich stieg aus. Meine Knie waren weich wie Butter und ich stützte mich schwer auf den Kotflügel. »Es ist ziemlich riskant, ein Auto zu besitzen«, sagte ich und bemühte mich, meine Zähne vom Klappern abzuhalten. »Die Öffentlichkeit hält nicht sehr viel davon.«

»Wie schade«, er nickte spöttisch.

Ich schüttelte den Kopf. »Sie sind seit Jahren bei der Air Central beschäftigt und trotzdem behielten Sie den Wagen. Wie konnten Sie nur –«

»Sie denken an die Luft«, murmelte er. »Aber Jim, es sind doch nicht die Maschinen, die die Luft verunreinigen« – sein Ton klang belehrend, als spräche er zu einem kleinen Kind – »es sind die Menschen selbst. Sie verseuchen die Luft, die Seen und auch das Land. Und es gibt nichts, was sich dagegen tun ließe.« Ich wollte protestieren, aber er gebot mir Schweigen. »Sicher, sicher, es gibt eine Zeit, da will man noch Himmel und Hölle in Bewegung setzen, um dagegen anzukämpfen – so wie Sie jetzt. Aber das legt sich, glauben Sie mir. Man wird nach und nach gleichgültig, wie groß auch anfangs der Feuereifer war. Man widmet sein Leben einer großen Aufgabe und merkt plötzlich, daß man alt, fett und glatzköpfig wird, und daß niemand außer einem selbst, diese Aufgabe wichtig nimmt. Sie zahlen einem ein hohes Gehalt, um damit ihr eigenes Gewissen zu beruhigen. Solange man daran verdienen kann, wird sich nichts Weltbewegendes ändern. Es ist zum —« Er hielt inne. »Sie glauben doch nicht *wirklich,* daß die Menschen sich auch nur einen Deut darum scheren, wie es den anderen geht?« Er stand da mit einem leicht amüsierten Lächeln, ein dicklicher kleiner Mann, den ich eigentlich mit einer Hand überwältigen können müßte. Und doch war er zehnmal gefährlicher, als Ellis sich selbst gehalten hatte. »Nur Trottel machen sich Sorgen um andere. Jim, ich —«

Ich ließ mich auf den Boden fallen und rollte mich so schnell es ging außerhalb des Lichtbereichs. Seine Mark II sprühte Funken. Etwas verbrannte meinen Hemdkragen und zischte am Betonboden entlang. Ich machte mich so flach wie möglich und zog meine eigene Pistole. Der erste Schuß war zu niedrig und ich fluchte leise, weil er dem Geräusch nach den Wagen gestreift hatte. Dann war es plötzlich ganz still, und ich kroch noch weiter in die Dunkelheit. Ich hätte gern die Lampe durch einen Schuß ausgeschaltet, aber sie schwang hin und her und ich wollte nicht unbedingt kostbare Munition verschwenden. Auf einmal hörte ich das dumpfe Trappen von rennenden Füßen. Ich sprang auf und sah Dave auf die Tür zulaufen, durch die ich hereingekommen war. Er wirkte geradezu pathetisch — er war rundlich und langsam und x-beinig und rannte wie eine dicke Frau.

»Dave!« brüllte ich. »Dave! HALT!«

Es war wirklich nicht Absicht und ich konnte auch nichts mehr dagegen tun. Ich hatte niedrig und seitlich gezielt, um ihn zu Fall zu bringen, aber im gleichen Moment entschloß er sich, es mir gleichzutun und sich flach auf den Boden zu werfen. Wenn er aufrecht weitergelaufen wäre, hätte ihn die Kugel lediglich in Kniehöhe gestreift, doch so zerschmetterte sie ihm den Brustkorb.

Er fiel in sich zusammen, und ich fing schnell seinen Kopf auf, ehe er auf den Boden prallte. Er drehte ihn in meinen Armen, so daß sein letzter Blick den Wagen erfaßte. Die Tränen kullerten nur so über meine Wangen, aber auch dagegen konnte ich nichts tun. Ich würde mich noch an alles Gute, das Dave je für mich getan hatte erinnern, lange nachdem ich diese Nacht vergessen hatte, in der er versuchte, mich zu töten. Ein Mordversuch ist so unwirklich, verglichen mit dem fließenden Blut und zerfetzten Fleisch.

Ich legte seinen Kopf sanft auf den Boden und schlurfte zum Telefon in der Ecke. Monte war sicher noch in seinem Büro, dachte ich. Ich wählte. »Den Direktor«, bat ich und wartete auf die Verbindung. »Monte, hier ist Jim Morrison«, begann ich. »Ich bin in –« Ich hielt inne. »Verzeihen Sie, ich dachte, ich spreche mit Direktor Monte –« und dann schwieg ich und lauschte der Stimme. »Das tut mir leid, furchtbar leid«, aber die Stimme fuhr fort, und da bemerkte ich erst, daß ich eine Tonbandaufnahme anhörte und daß sich überhaupt niemand im Büro befand. Als die Stimme weitersprach, wußte ich warum.

Ich ließ den Hörer auf den Boden fallen und die Aufnahme begann von neuem, als erwarte sie Beileidsbezeigungen vom Beton. Ich sollte die Polizei verständigen, dachte ich. Ich sollte –

Aber ich tat es nicht. Statt dessen rief ich Wanda an. Sie würde eine gute Stunde brauchen, ehe sie die Lebensmittel in der Wohnung zusammengepackt und ein Elektrotaxi gefunden hatte, aber bis zum Morgengrauen konnten wir bereits der Stadt den Rücken kehren.

Der Morgen, das war reine Ironie, denn es gab keinen Morgen mehr. Das Tonband hatte berichtet, daß die radioaktiven Abgase, die in Asien gemessen worden waren, nun die Stadt erreicht hatten, daß der Drachenbrodem die Erde in seine Glut hüllte und die Luft, die der Wind in die City trieb, genauso schmutzig und verseucht war, wie die Luft, die bereits darüber hing. Natürlich würde das Ende nicht plötzlich kommen, aber es würde auch nicht mehr allzu lange auf sich warten lassen.

Niemand hatte sich auch nur einen Deut darum geschert, dachte ich, weder hier, noch sonstwo. Dave hatte recht gehabt. Sie hatten schließlich alles zur Kloake gemacht, und der Letzte jener, die etwas für die anderen übrig gehabt hatten, hustete sein Leben aus, als er ein bißchen frische Luft schnappen wollte, die es nicht mehr gab.

Ich schritt mit hängendem Kopf zum Wagen zurück, der immer noch von der einsamen Glühbirne angestrahlt wurde. Wehmütig strich ich mit der Hand über den Kratzer, den der Streifschuß aus meiner Mark II verursacht hatte. Das würde Dave mir nie verzeihen, dachte ich. Dann öffnete ich die Wagentür und setzte mich hinter das Lenkrad. Ich streichelte die Gangschaltung und ließ meine Augen über das Armaturenbrett wandern, über den Drehzahlmesser, das Tachometer, die Benzin- und Ölanzeiger und die kleine Uhr. Die Schlüssel hingen über dem Knopf der Handbremse. Es war eine herrliche Maschine, dachte ich erneut. Noch nie hatte ich eine Maschine geliebt – bis jetzt.

Ich ließ meine Hände um das Lenkrad gleiten, bis sie den Starthebel erreicht hatten. Ich steckte den Schlüssel ins Schloß und lauschte dem Aufheulen des Motors. Ich spürte seine Kraft den Wagen schütteln, fühlte, wie sie in mir vibrierte und wie sie den ganzen Raum erfüllte. Der Film im Club war mein ganzer Fahrunterricht gewesen, aber auf seine Art sehr eindringlich und ausreichend. Ich schaltete den Motor wieder aus und wartete.

Sobald Wanda hier war, würden wir ins Gebirge brausen. Zu den Bergen und Nadelbäumen und dem letzten klaren See und dem letzten Blick auf einen blauen Himmel, ehe sich alles braun färbte und wir uns diesem Klima ergeben müßten, auf das wir so offensichtlich stolz sind.

DER SUMERISCHE EID
eine polytropische Paramythe

von Philip José Farmer

In der Gefriergut- und Eiskremabteilung kam plötzlich von jeder Seite einer der Häscher auf ihn zu. Goodbody schwang sich auf den Einkaufswagen, und mit der Gewandtheit und Geschicklichkeit des Dr. Blood (wie Errol Flynn ihn spielte) sprang er über die Eiswaffeln und den Schokoladensyrup hinweg. Gleichzeitig sauste der Wagen unter dem Rückstoß des Sprunges den Gang hinunter, auf den nächsten Häscher zu.

Obwohl Goodbody mit viel Aplomb und großer Eleganz sprang, warf er doch einige Schachteln mit Eistüten um und landete direkt auf der anderen Seite im Regal für Haushalts- und Do-it-yourself-Artikel. Der Katarakt aus Goodbody, Schraubenschlüssel, Zangen, Hämmern, Schachteln mit Nägeln, Doppelsteckern und Kabeln erschreckte die Kundinnen so sehr, daß eine in Ohnmacht fiel und direkt ins Tierfutter- und Vogelkäfig-Regal stürzte.

Goodbody tauchte unter der Absperrung hindurch und raste zur Spirituosenabteilung. Ein Schrei ließ ihn den Kopf drehen. Diese Narren hatten doch tatsächlich ihre Skalpelle gezogen, sie mußten wirklich schon verzweifelt sein. Natürlich war es möglich, daß sie gar nicht vorhatten, ihn im Supermarkt umzubringen. Vielleicht wollten sie ihn auf den Parkplatz zutreiben, wo sie ihn in die Zange nehmen konnten.

Im Vorbeirennen siteß er einen Taschenbuchständer um, wobei *Das Tal der Puppen*, *Die Abmachung*, *Paare* und *Purpurfarbige Sexwesen vom Fleischtopfplaneten*, wie die hyperaktiven Finger hungriger und wie wahnsinnig tippender Pornographie-Schreiberlinge herausflogen. Der erste Verfolger schwang sein Skalpell und fand plötzlich *Sie möchten also Gehirnchirurg werden* daran aufgespießt.

Wie passend und wie schrecklich, dachte Goodbody, als er durch die Tür floh. Er war der Autor dieses Bestsellers, kam jedoch nicht in den Genuß der Tantiemen, denn wenn er sich den Scheck abgeholt hätte, wäre er sofort geschnappt worden.

Auf dem taghell beleuchteten Parkplatz brauste ein Auto auf ihn zu. Wie ein Akrobat hechtete er in die Luft und machte drei Entrechats, um mehr Höhe zu gewinnen (das erinnerte ihn an die Tage, als er das Operationsamphitheater betrat und berühmte Chirurgen und schüchterne Studenten ihm applaudierten). Er landete zwischen einem Chevrolet und einem Cadillac und war auch schon verschwunden. Reifen quietschten, Türen wurden zugeschlagen, Füße trampelten, Stimmen knurrten.

»Dr. Goodbody! Bleiben Sie stehen! Wir tun Ihnen nichts! Wir wollen Ihnen nur helfen! Sie sind krank!«

In einer Ecke des von hohen Mauern umgebenen Parkplatzes stellte er sich ihnen. Es sollte niemand sagen, daß er um Gnade gewinselt hätte, genausowenig wie Dr. Kildare, Max Brands junger Gott, winseln würde, selbst wenn die Zahlung einer großen Rechnung ausbliebe.

Mit glitzernden Skalpellen kamen sechs auf ihn zu. Er riß seine eigene Klinge heraus, die so schnell war wie Dr. Ehrlichs *Magic Bullet.* Er würde kämpfend sein Leben aushauchen. Sie würden Federn lassen müssen, wenn sie die Klingen mit einem Mann kreuzten, dessen Gewandtheit mit dem Degen nur von dem jetzt emeritierten Doc Savage übertroffen wurde.

Dr. Großfleisch, aufgeblasen wie Laird Gregar, als er den Medizinstudenten in *Der Untermieter* spielte, schwebte auf ihn zu und warf eine Spritze, Kaliber 1. Die Geschwindigkeit und Zielsicherheit hätte sogar den mürrischen (aber gutherzigen) Dr. Gillespie erfreut, besonders wie Lionel Barrymore ihn darstellte.

Goodbody parierte mit einer blitzschnellen Bewegung seines Skalpells und sandte die Spritze in hohem Bogen über die Mauer.

Zwei bekannte Ärzte näherten sich wie römische Retiarii, in einer Hand eine Zwangsjacke, in der anderen Operationsnadeln. Seine Klinge begegnete ihnen mit solcher Flinkheit, daß fünf der Nachfolgenden in ungewollte Bewunderung ausbrachen. Sie bedauerten es gleich darauf, denn zweifellos würde es ihnen eine Verwarnung durch die AMA einbringen.

Großfleisch entfuhr ein verbotener Fluch, der ihn auch einiges kosten würde. Wieder warf er eine riesige Spritze mit einer schwerkalibrigen Nadel, die über die Schulter des Arztes zu Goodbodys Linken flog, gerade als Goodbody zustieß — ein Hieb, der Dr. Zorba vor Neid erblassen ließe. Aber die Nadel durchdrang Goodbodys rechten Ärmel, und alles um ihn wurde so schwarz wie das Innere von Dr. Caligaris Kabinett.

»Sollen wir operieren, Dr. Zyklop?«

Im Schein der grellen Lampe beugten sich sechs Köpfe über ihn. Zyklops kahlgeschorener Schädel mit der dicken Brille befand sich nicht darunter. Goodbody hatte die Worte nur geträumt. Aus den Tiefen des Unterbewußtseins, wo das flackernde Silber des Projektionsstrahls auf der silbernen Leinwand das einzige Licht darstellte, hatte er die uralten, unvergessenen Schrecken mit ins Bewußtsein herübergenommen.

Dr. Großfleisch, Autor von *Schwammgewebezähltechniken* und *ungewöhnliche Fälle von komplizierten Darmverbindungen, die mir selbst untergekommen sind,* beugte sich über ihn. Die Augen waren so leer und kalt wie der Spiegel auf der Stirn eines Facharztes für Halskrankheiten. Und doch war dies der Mann der sich so für ihn eingesetzt, der ihn so viel gelehrt hatte. Der Arzt, von dem das zu Recht berühmte Wort, *Im Zweifelsfalle schneiden,* stammte.

Dr. Großfleisch hielt einen Eispickel in seiner kleinen fetten Hand.

»Schweinehund! Erst nehmen wir die Frontallobotomie vor, dann die Sezierung bei lebendem Leib ohne Betäubung!«

Der Eispickel stieß auf sein Auge zu. Eine Tür knallte auf. Ein Skalpell zischte an Großfleischs schwabbeliger Hüfte vorbei und blieb zitternd im Operationstisch stecken.

»Halt!«

Sechs Köpfe drehten sich nach der Stimme um. »Ah, Dr. Leibfremd«, stammelte Großfleisch, »der weltberühmte Heilpraktiker und bekannte Autor von *Die mißverstandenen Märtyrer: Burke und Hare*. Warum dieser dramatische Eintritt?«

»Dr. Goodbody muß in bester gesundheitlicher Verfassung bleiben. Er ist das einzige Genie, das die Gehirnoperation an unserem glorreichen Führer Dr. Inderhaus vornehmen kann!«

Goodbody rann ein kalter Schauder den Rücken herab, und beinah wäre er in Ohnmacht gefallen.

»Unser ruhmreicher Führer hat also Tumore in den kuneiformen und ligualen Zonen des Gehirns? Und Goodbody ist der einzige, der sie herausschneiden kann? Mein Gott, wie können wir ihm nur trauen?«

»Wir werden neben und hinter ihm stehen«, erklärte Dr. Leibfremd, »bereit zum Stoß in die Ganglien, wenn er eine falsche Bewegung macht!«

Goodbody fauchte, als weise er einen jungen Internisten zurecht. »Warum sollte ich das für euch tun, wenn ihr mich danach ohnehin bei lebendem Leib sezieren werdet?«

»Das tun wir nicht!« versicherte ihm Leibfremd. »Trotz Ihrer unverzeihlichen Verbrechen, werden wir Sie leben lassen, wenn Ihre Operation an Herrn Dr. Inderhaus erfolgreich verläuft. Natürlich müssen wir Sie gefangenhalten, aber in Großfleischs Sanatorium, wo – unnötig es überhaupt zu erwähnen – die Patienten wie Könige leben, oder noch besser, wie die Ärzte von Beverly Hills.«

»Sie würden mir gestatten weiterzuleben?«

»Sie werden eines natürlichen Todes sterben! Kein Arzt wird seine Hand an Sie legen!« versprach ihm Großfleisch. »Ich gewähre Ihnen sogar zehn Prozent Berufsrabatt.«

»Ich danke Ihnen!« sagte Goodbody gerührt. Trotzdem überlegte er nach wie vor, wie er ihnen entkommen könnte. Die Welt mußte ganz einfach die schreckliche Wahrheit erfahren.

Am Tag der großen Operation war das riesige Amphitheater vollgestopft mit Ärzten aus aller Welt. Das Leben ihres glorreichen Führers Dr. Inderhaus, stand auf dem Spiel, und nur der verurteilte Verbrecher, der Judas, Benedict Arnold, der Mudd, der Quisling der medizinischen Berufung, konnte ihn retten.

Der Patient mit rasiertem Schädel wurde hereingerollt. Er schüttelte sich selbst die Hände, während seine Kollegen ihm begeistert zujubelten. Bei dieser Offenbarung von Liebe und Ehrerbietung, die schon fast Ehrfurcht war, kullerten ihm die Tränen über die Wangen. Dann sah er seinen Chirurgen auf sich zukommen, und sein väterlicher Gesichtsausdruck eines Dr. Jekyll verwandelte sich in die fürchterliche Fratze des Mr. Hyde.

Goodbody streifte sich die Maske über und schlüpfte in die Handschuhe. Großfleisch stand mit stichbereitem Skalpell hinter ihm.

Ein Mann, der aussah wie Dr. Casey nach einer anstrengenden Nacht mit der Oberschwester, hielt eine Laserpistole auf ihn gerichtet.

»Gehen Sie mir aus dem Weg, ich brauche mehr Ellenbogenfreiheit«, knurrte Goodbody. Er war völlig kalt und ruhig wie die Wasseroberfläche in einem Goldfischglas. Seine langen schmalen Finger, die aus ihm vielleicht einen Konzertpianisten gemacht hätten, wenn irgend etwas schiefgegangen wäre, wanden sich, als wären sie Schlangen, die Blut rochen. Ein Schweigen senkte sich über die riesige Halle. Obwohl die Zuschauer ihn ohne Ausnahme haßten und verabscheuten und nichts lieber getan hätten als ihn anzuspucken (ohne Sterilisierung), konnten sie doch ihre Bewunderung nicht unterdrücken.

Die Stunden tickten dahin. Die Skalpelle schnitten. Die Kopfhaut wurde nach hinten zurückgeschlagen. Die Bohrer summten, die Knochensägen surrten. Die Schädeldecke wurde abgenommen. Die scharfen Skalpelle begannen durch die graue Masse zu schneiden.

»Ach « entfuhr es Großfleisch, als Goodbody ein Stück der Gehirnrinde wie eine Zugbrücke hochzog. »Welcher Mut!«

Goodbody hob den großen quallenförmigen Tumor heraus und

ein einstimmiges »Ahhh!« erfüllte die Halle. Impulsiv klatschten die Ärzte ihm zehn Minuten lang Beifall.

Wie traurig, dachte Goodbody, daß der größte Triumph in einer Serie von großartigen Erfolgen, der Höhepunkt seiner Karriere, gleichzeitig auch sein schwärzester Tag war. Und dann wurde der Patient hinausgerollt, und der Chirurg festgenommen. Man entkleidete ihn und schnallte ihn auf den Operationstisch. Großfleisch und Überpreis, der bekannte Proktologe und Verfasser des berüchtigten Artikels, *Hat Dr. Watson seine drei Frauen vergiftet?* näherten sich ihm. Sie lächelten mit hämischer Kälte und sadistischer Genugtuung wie Dr. Mabuse.

Die Zuschauer lehnten sich vor. Sie waren schon immer der Meinung gewesen, daß es sowohl für den Arzt als auch für den Patient viel besser wäre, ohne Anästhesie zu operieren. Der Chirurg konnte so aus den ungeschwächten Reaktionen des Patienten viel exaktere Schlüsse ziehen.

»Dr. X, wenn ich mich nicht täusche?« erkundigte sich Goodbody, als er erwachte.

»Wie bitte?« murmelte die Krankenschwester, Mrs. Fell.

»Ein Alptraum«, entschuldigte Goodbody sich. »Ich träumte, man habe mir Arme und Beine amputiert. »Ohhh!«

»Sie werden sich daran gewöhnen«, tröstete die Schwester.« Sie müssen nur mit der Nase auf den Knopf drücken, wenn Sie etwas brauchen. Genieren Sie sich nicht. Dr. Großfleisch wies mich an, Ihnen Arme und Beine zu ersetzen.«

»Ich bin also nicht nur ein völlig hilfloser, sondern auch noch ein geistesgestörter Krüppel. Man hat mich doch sicherlich nur unzurechnungsfähig erklären lassen, nicht wahr?«

»Ach«, murmelte Mrs. Fell. »Alles ist relativ. Des einen Irrsinn ist des anderen Religion. Ich will damit sagen, des einen Schizophrenie ist des anderen manische Depression. Ach, Sie wissen schon, was ich meine.«

Es hatte keinen Sinn, ihr meine Geschichte zu erzählen, aber ich mußte es ganz einfach.

»Tun Sie das, was ich Ihnen nun sage, nicht als die Hirngespinste eines Verrückten ab. Denken Sie darüber nach, sehen

Sie sich um. Überlegen Sie, ob es nicht einen Sinn ergibt, auch wenn es wie Irrsinn scheint.«

Er war im Vorteil, denn sie war eine Schwester, und alle Krankenschwestern begannen die Ärzte zu hassen, noch ehe sie ihr Diplom gemacht hatten. Ziemlich bereitwillig würde sie das Schlimmste über ihre Peiniger glauben.

»Jeder Arzt muß den Eid des Hippokrates leisten. Doch ehe er ihn in der Öffentlichkeit ablegt, muß er bereits einen ganz geheimen Eid geschworen haben. Und dieser Eid ist viel, viel älter als der des Hippokrates', der immerhin erst im Jahre 377 vor Christus starb, was also verhältnismäßig gar nicht so lange zurückliegt.

Der erste Medizinmann der Steinzeit mochte den Eid vielleicht von seinem Nachfolger gefordert haben. Wer kann das schon sagen? Aber er ist an einem Ort, den Sie nie zu Gesicht bekommen werden, schriftlich niedergelegt, daß der erste Arzt der zivilisierten Welt, der erste Arzt des ältesten Stadt-Staates, dem der Sumerer, den Vorgängern der alten Ägypter, den zweiten Arzt den Eid ablegen ließ.

Der sumerische Eid – bitte, meine Liebe, kratzen Sie mir doch meine Nase – verlangt, daß ein Arzt nie, unter keinen Umständen, auch nur das geringste über die wahre Natur der Ärzte oder der Entstehung der Krankheiten verrät.«

Mrs. Fell hörte ihm schweigend zu. Dann sagte sie: »Dr. Goodbody, soll das allen Ernstes heißen, daß es überhaupt keine Krankheiten gäbe, wenn die Ärzte nicht wären? Daß die Ärzte die Krankheiten erst erzeugen und sie dann verbreiten? Daß wir alle hundertprozentig gesund wären, wenn es keine Ärzte gäbe? Daß sie sich ihre Opfer aussuchen, sie infizieren und dann heilen, um sich einen Namen zu schaffen und Geld zu scheffeln, und daß sie jeglichen Argwohn im Keim ersticken, indem sie – indem sie – nein, das ist zu unglaublich!«

Der Schweiß rann über seine Nase, und es juckte entsetzlich, aber er ignorierte es. »Doch, Mrs. Fell, es ist wahr. Sehr selten nur, aber hin und wieder kommt es doch vor, daß ein Arzt den Massenmord nicht mehr mit seinem Gewissen vereinbaren kann, und er versucht, die Wahrheit ans Licht der Öffentlichkeit zu bringen. Dann wird er sofort in eine Zwangsjacke gesteckt und von seinen Kollegen für geistesgestört erklärt, oder er stirbt an einer Operation, oder er wird krank und segnet das Zeitliche, oder er verschwindet ganz einfach spurlos.«

»Und warum tötete man Sie nicht?«

»Das erklärte ich Ihnen doch! Ich rettete unseren glorreichen Führer, den großen erhabenen iatrogenen Sumerer. Sie versprachen mir mein Leben — und wir belügen uns untereinander nicht, das heben wir uns für die Patienten auf. Aber sie sorgten dafür, daß ich nicht fliehen kann. Die Zunge ließen sie mir nur, weil sie Sadisten sind. Es macht ihnen Spaß, wenn ich meine Geschichte hier erzähle, denn wer glaubt schon einem Patienten in einer Klapsmühle? Schauen Sie mich nicht so schockiert an, Mrs. Fell. Gefällt Ihnen Irrenhaus oder Heil- und Pflegeanstalt besser? Ich bin doch ein Irrer, nicht wahr? Das glauben Sie doch, habe ich nicht recht?«

Sie tätschelte seine Wange. »Beruhigen Sie sich! Sie dürfen sich nicht aufregen. Natürlich glaube ich Ihnen. Ich werde sehen, was ich tun kann, es ist nur —«

»Ja?«

»Mein Mann ist Arzt, und wenn ich mir auch nur eine Sekunde vorstelle, daß er einem Geheimbund angehört —«

»Erwähnen Sie ihm gegenüber nichts!« warnte Goodbody. »Kein Wort darüber zu irgendeinem Arzt! Möchten Sie sich vielleicht ein Krebsgeschwür zuziehen oder an infektiöser Gelbsucht erkranken oder einem Herzschlag erliegen? Oder vielleicht gar unter einer völlig neuen Krankheit dahinsiechen? Hin und wieder erfinden sie eine neue, wissen Sie, aus reiner Langeweile.«

Es war zwecklos.

Sie glaubte ihm ja doch nicht, sondern tat nur so, um ihn nicht aufzuregen.

In der folgenden Nacht trugen sie ihn in die tiefen Keller des alten Hauses, wo der Schein der Fackeln gespenstisch an den kalten grauen Mauern zuckte, wo die dumpfen Trommeln das Blut aufpeitschten, wo die schrillen Ziegenhörner gellten, und

Ärzte mit bemalten Gesichtern und roten Umhängen und schwarzen Federn auf dem Kopf, mit Gerassel und Tamtam der Abschlußklasse der John Hopkins Universität den sumerischen Eid abnahmen. Und wo sie jeden der neuen Eingeweihten vor ihn führten, um ihnen klarzumachen, was ihnen geschehen würde, falls sie den Eid brächen.

ZWEI ODYSSEEN IN DAS ZENTRUM

von Barry N. Malzberg

Die Eroberung des Mars

I

Während er mit dem anderen im Landefahrzeug tiefer gleitet, wagt Blake einen letzten entsetzten Blick nach unten, ehe er sich selbst die Wahrheit eingesteht. Die Wissenschaftler haben einen gravierenden Fehler begangen. Es gibt gar keinen Mars. Sie sinken dem Nichts entgegen.

II

Der andere heißt Williams. Er ist vier Jahre jünger als Blake und schnitt fast genausogut in den Auswahltests ab, was ihm seine Position als zweiter der Landegruppe zusicherte. Blake mochte ihn vom Anfang an, und bis zu einem bestimmten Punkt sind sie auch gut miteinander ausgekommen. Aber das spielt nun alles keine Rolle mehr. Williams scheint verschwunden zu sein, zumindest befindet er sich nicht mehr eng Schulter an Schulter mit Blake im Landefahrzeug. Statt dessen kauert neben ihm eine recht groteske Gestalt mit ernstem Ausdruck auf der Körperstelle, die Blake für das Gesicht hält, obwohl das Wesen, wenn man es genau nimmt, gar kein Gesicht hat.

»Verzeihen Sie«, entschuldigt sich die Kreatur, »ich hatte nicht die Absicht, Sie zu erschrecken.«

»Was soll das?« ruft Blake. »Was soll das?« Dabei fällt ihm ein, daß dieser Dialog, wie überhaupt jeder Laut, von Aufnahmegeräten im Landefahrzeug übertragen wird und daß seine Worte zweifellos von Tausenden von Beschäftigten auf dem Stützpunkt mitgehört werden — gar nicht zu reden von der Möglichkeit, daß sich Millionen andere einschalten können. Und doch, die Situation ist reichlich überraschend, das muß jeder zugeben. »Was machen Sie hier? Wer sind Sie?«

»Ich werde es Ihnen klipp und klar darlegen«, erwidert das Wesen. Es hat einen leichten Akzent, aber nicht direkt einen russischen oder einen, der an die exotischen Satelliten erinnert. Auf jeden Fall aber drückt es sich unmißverständlich aus. »Ich bin Beauftragter der Martier. Wir beobachteten euch bereits viele Jahrzehnte, seit ihr euch auf diese Expedition vorbereitet, und um ganz offen mit Ihnen zu reden, wir wollen mit euch nichts zu tun haben. Ihr seid eine gefährliche Rasse: aggressiv und selbstdestruktiv; und mit unserer Zivilisation sind wir im großen ganzen, obwohl sie vielleicht ein wenig dekadent sein mag, recht zufrieden, so wie sie ist. Wir haben deshalb unseren Planeten aus der Bahn Ihres Landekurses versetzt, bis Sie diesen Unfug aufgeben und zur Erde zurückkehren. Wir verfügen über ausreichende wissenschaftliche Erkenntnisse, obwohl unsere Kultur im Grunde genommen schöngeistig ausgerichtet ist. Sie werden also, bitte, umkehren und sich in Ihr Schiff zurückbegeben.«

»Aber das ist unmöglich«, protestiert Blake. Er hat viel besser als je ein anderer mit gleicher Ausbildung in simulierten Katastrophenfällen abgeschnitten, und es fällt ihm nicht schwer, vernünftig mit dem Fremden zu debattieren. »Wir müssen uns an die berechnete Landebahn halten.«

»Nein, das müssen Sie nicht. Sie haben doch sicher Notmechanismen, mit denen sich dieser Kurs umkehren läßt. Bitte benützen Sie sie.«

»Das ist ja lächerlich«, ärgert sich Blake. »Wo ist Williams? Woher soll ich wissen, daß Sie ihn nicht umgebracht haben?« Er zieht die Möglichkeit einer Halluzination oder eines Nervenzusammenbruchs nicht einmal in Betracht, denn er weiß, daß er viel zu hoch gegen jegliche Anfälligkeit für psychische Schwierigkeiten qualifiziert ist. »Ich verlange zu wissen, wo er ist.«

»Williams ist unsere Geisel«, sagt die Kreatur sanft. »Wir halten ihn, bis Sie zum Schiff zurückkehren; dann schicken wir ihn unangetastet zu Ihnen zurück. Er befindet sich in absoluter Stasis, er weiß nicht einmal, daß er entführt wurde. Ich versichere Ihnen, daß wir jedoch nicht zögern werden, ihn zu töten, falls Sie unserer Aufforderung nicht nachkommen.«

»Das ist lächerlich«, wiederholt sich Blake. »Ich verlange seine sofortige Freilassung.«

»Und wie lächerlich. Ihr dringt in unser Gebiet ein. Ihr habt euch nie auch nur die geringsten Gedanken gemacht, daß es intelligentes Leben auf dem Mars geben könnte, das von euch nichts wissen will.«

»Aber es gab absolut keine Anzeichen –«

»Ihr seid so entsetzlich eingebildet«, sagt das Wesen traurig, »so überzeugt von euerer eigenen Klugheit. Ich finde unser Gespräch allmählich ermüdend, da es so völlig unergiebig zu werden verspricht. Ich gebe Ihnen noch fünf Minuten, um zum Schiff zurückzukehren. Tun Sie es nicht, töten wir die Geisel – und Sie – und auch die Kreatur im Mutterschiff. Außerdem werden wir Pläne zur Vernichtung jeglichen höheren Lebens auf Ihrem Planeten auszuarbeiten beginnen. Finden Sie nicht auch, daß zuviel für Sie auf dem Spiel steht?« schließt das Wesen und verschwindet oder scheint zumindest zu verschwinden. Aber vielleicht befindet es sich immer noch hier, lauert hinter einer Wand, beobachtet. Jedenfalls scheint Blake allein in der Raumfähre zu sein.

III

Blake entschließt sich, die ganze Sache zu überdenken. Als Ergebnis seines rigorosen geistigen und körperlichen Trainings ist er imstande, jegliche Situation logisch anzupacken, selbst unlogische. Es ist bedauerlich, daß er es allein tun muß – sein Versuch, durch den Transmitter Kontakt mit der Erde aufzunehmen, blieb jedoch erfolglos. Es fällt ihm nicht schwer, die Tatsache zu akzeptieren, daß die Martier die Verbindung verhindern, denn es ist verständlich.

»Ich muß überlegen«, murmelt Blake. Er fand es, schon seit sein Verantwortungsbereich innerhalb des Marsprojekts sich erweitert hatte, für am günstigsten, seine Gedanken aus Objektivitätsgründen laut auszusprechen. »Wenn ich mit der Landefähre zum Schiff zurückkehre, lassen sie Williams frei und erlauben uns die Heimkehr zur Erde. Sicher wird man uns auch keine Schwierigkeiten machen, weil man im Stützpunkt jedes Wort mitgehört hat. Wenn ich andererseits jedoch darauf bestehe, auf dem berechneten Kurs zu bleiben, wird man Williams, mich und McGregor im Raumschiff töten und etwas in die Wege leiten, um alle Menschen auf der Erde zu vernichten – das sind viereinhalb Milliarden. Aber ich kann mir auch nicht sicher sein, daß sie uns nicht auf jeden Fall umbringen. Wiederum kann ich schwerlich auf Kurs bleiben und zur Landung ansetzen, weil – nun, weil es eben nichts gibt, *worauf* ich landen könnte. Das ist ein Punkt, der nicht übersehen werden darf. Andererseits muß ich auch in Betracht ziehen, daß sie möglicherweise die Transmitterverbindung schon lange unterbrochen haben und *niemand* eine Ahnung hat, was hier vor sich geht, was bedeutete, daß man mir einen unehrenhaften Abschied geben oder mich gar hinter Gitter stecken würde, falls ich unverrichteter Dinge auf die Erde zurückkäme. Das ist ebenfalls ein Punkt, der zu bedenken ist. Außerdem darf ich nicht vergessen, daß ungefähr zehn Milliarden Dollar in das Marsprojekt gesteckt wurden, das ohnehin bereits zehn Jahre im Rückstand ist, und daß es einen sehr schlechten Eindruck machen wird, wenn ich nicht wenigstens *versuche* zu landen. Und wer weiß, vielleicht ist das Ganze nur ein Bluff? Möglicherweise haben sie überhaupt keine Mittel, uns zu schaden, auch wenn sie tatsächlich den Mars verschwinden ließen und Williams holten und an seiner Stelle dieses Monster an meine Seite setzten. Ja, auch das muß in Betracht gezogen werden, ehe ich meine Entscheidung treffe.«

Viel mehr gibt es wohl nicht zu sagen. Alle Variablen sind einbezogen. Nun muß Blake als Kommandant der Expedition seine

Entscheidung treffen. Er schließt die Augen und stützt seinen Kopf schwer auf seine Brust, eine alte kindliche Angewohnheit, gegen die die Psychiater des Projekts nichts einzuwenden hatten, da sie ein symbolisches Bedürfnis befriedigt. Er denkt.

IV

In den Science-Fiction-Storys, die er als Junge gelesen hatte, lange ehe er sich für das Raumprogramm interessierte, erinnerte sich Blake, daß die Menschen oft von fremden Lebewesen auf die eine oder andere entsetzliche Weise bedroht wurden – doch immer gab es ein Happy End für sie, weil sie auf irgendeine Art klüger waren, weil sie irgendeinen Aspekt zu ihren Gunsten fanden, den die Fremden in ihrer Dummheit übersehen hatten. Die Helden der Storys waren gerissen und einfallsreich, standen gewöhnlich einer Übermacht gegenüber, waren immer im Nachteil, aber sie gewannen die Oberhand, siegten, weil sie im Grund genommen besser und klüger als die Fremden waren; nur das zählte.

Bedauerlicherwesie helfen ihm diese Erinnerungen jedoch im Moment nicht sehr. Das fremde Wesen scheint alle Aspekte der Situation wohlüberlegt zu haben, und wenn es wirklich etwas geben sollte, das Blake übersehen hat, so fällt es ihm jetzt absolut nicht ein. Stimmt schon, die Rede des Fremden war ein wenig wirr und unzusammenhängend, und gegen das Ende zu hatte die unüberhörbare Feindseligkeit darauf schließen lassen, daß er aus dem einen oder anderen Grund Angst hatte. In eineinhalb Minuten oder noch weniger (nur noch eine Minute, wie Blake von seinem Chronometer abliest), läßt sich jedoch des Fremden schwacher Punkt schwer feststellen und gegen ihn verwenden.

Und doch, man darf die Hoffnung nicht aufgeben. Die Helden der Science-Fiction-Hefte taten es auch nicht, und oft genug war ihnen in allerletzter Sekunde die rettende Idee gekommen. Wichtig war, daß man nicht aufgab, und nach einem Ausweg forschte.

Blake preßte seine Lider noch fester zusammen, ballte die Hände zu Fäusten und konzentrierte sich. Irgend etwas wird geschehen. So war es auch immer in den Science-Fiction-Romanen. Außerdem hat das Raumprogramm während seiner ganzen Ausbildungszeit nie auch nur eine solch befremdliche Möglichkeit in Betracht gezogen. Er hat Vertrauen in das Programm. Es wird ihn auch jetzt nicht im Stich lassen.

V

»Nun?« erkundigt sich die Kreatur und macht es sich neben Blake bequem. »Haben Sie sich entschlossen? Werden Sie umkehren?«

»Sie können mich nicht bluffen«, sagt Blake ruhig. Er wirft einen Blick auf seinen Chronometer. »Ich habe noch dreißig Sekunden Zeit.« Er mustert den Fremden, um festzustellen, ob ihm irgend etwas an seinem Aussehen weiterhelfen könnte. Aber er findet nichts. Zum Teufel mit ihm. Er schließt die Augen erneut.

»Das stimmt allerdings«, gibt das Wesen zu. »Aber wir wollten Sie noch einmal warnen. Unser Auftrag lautet, Williams, Sie und den Mann im Schiff, in — uh — zwölf Sekunden zu töten. Wir brauchen auch ein wenig Zeit zur Aufhebung dieses Befehls, falls Sie gehorchen. Nun haben Sie noch acht Sekunden.«

»Na schön«, murmelt Blake, den Kopf zwischen den Knien, »auch recht. Ich habe meine Entscheidung getroffen. Ich bin der Meinung, daß Sie bluffen. Außerdem, selbst wenn Sie Ihre Drohung wahrmachten, was Sie gar nicht können, würde die Erde nur ein größeres Schiff mit Atombomben schicken und den ganzen Mars in die Luft oder vielmehr in den Raum jagen. Sehen Sie das ein? Meine Drohung übertrumpft Ihre. Und das ist das Geheimnis.«

»Ich bedauere es ehrlich«, sagt die Kreatur. Sie stößt Blake so drängend in die Rippen, daß er schließlich die Augen öffnet und sie ansehen muß. Tatsächlich scheint wirklich echtes Bedauern in den abstoßenden Zügen zu liegen. »Wir sind eine gewaltlose

Rasse, darum empfinde ich es besonders schmerzlich, wirklich, glauben Sie mir. Aber wir müssen ein Ende machen, das verstehen Sie doch, nicht wahr?«

Das Wesen verschwindet wieder und eine Sekunde später, vielleicht auch zwei oder drei (Blake zählt nicht mit), geschieht etwas Entsetzliches in seinem Innern. Es ist wie eine Implosion. Dann fällt er immer schneller, schneller noch als die Kapsel, und bald darauf gibt es absolut nichts mehr.

Blakes letzte Empfindung ist eine furchtbare Wut. Daß die Martier Drohungen aussprechen, ist verständlich (schließlich müssie sie etwas zu ihrem Schutz unternehmen), aber daß sie die Nerven haben, sie auszufüh –

VI

Als er wieder zu sich kommt, befindet er sich in einer anderen Art von Räumlichkeit, nicht viel größer als das Innere der Raumfähre. Zwei ältere Wissenschaftler, an die er sich plötzlich wieder erinnert (wie auch an alles andere), blicken ihn an, strahlen über das ganze Gesicht, nicken, lächeln ihm zu, schütteln sich gegenseitig die Hände. Schließlich sagt einer zu dem anderen (und daran wird Blake sich erinnern, so lange er lebt – so stolz ist er darauf): »Er ist genau richtig, genau richtig. Der Kapitän, wie Sie ihn brauchen. Verstehen Sie? Genau der Mann, den wir zum Mars schicken müssen.«

Einige Vermerke, die eine annehmbare Vergangenheit betreffen

ERSTER VERMERK. Das Universum ist groß, größer als es den Anschein hat. Und der Mensch ist klein, ein winziges Staubkörnchen in den unendlichen wilden Weiten des Kosmos. Aber es steckt Stolz im Menschen sowie Würde und eine Hinnahme jener fundamentalen *Menschlichkeit*, die der Kern seiner *Individualität* ist und die Wurzeln seines Geschicks bestimmt. Bis in die trostlosen unerforschten Öden, die vielleicht bis zum Himmelstor selbst reichen, dem unbeschreiblichen Schoß unseres Ursprungs, kann der Mensch sich ausbreiten, und man erinnert sich der großen Worte des Propheten: *Hemenei o mahatov menachem heil* (in der Materie liegt Ordnung, in der Struktur Zufriedenheit). So steht es im Buch, und wenn die Menschen zu den Sternen aufschauen, sind ihre Herzen wahrlich eins mit der alten, der besseren, der bedeutenderen Innerlichkeit ihres Selbst.

ZWEITER VERMERK. Sie landeten um vierzehn Uhr auf dem Planeten und verursachten drei große Mulden in der Erde. Die Landung war sehr schwierig, weil die Kontrollen des Raumschiffs nicht mehr einwandfrei funktionierten und es sich um eine Notlandung handelte. Smith und Jones, die beiden im höchsten Maße individualistischen kosmischen Kundschafter, traten vorsichtig in die kühle fremdartige Luft der Abenddämmerung. Smith öffnete den Helm einen Spalt und atmetete die aromatische Luft der erdähnlichen Atmosphäre ein.

»Großartig, Jones!« rief er dankbar. »Sie ist wirklich atembar – wie zu Haus. Nimm den Helm ab.«

Genau das tat Jones, und auch er fand die Luft wundervoll, aber irgend etwas beunruhigte ihn, weil alles wie bestellt und zu friedlich war. Wie in den Science-Fiction-Storys war alles zu sehr wie ein Traum, und seine barbarischen, schlauen erdverbundenen Instinkte warnten ihn. Er mahnte Smith, die Augen offenzuhalten und die Möglichkeit gefährlicher Eingeborener nicht außer acht zu lassen. Aber Smith lachte nur und sagte, Jones sei ein verderbter, mißtrauischer Erdenmensch und einfach nicht fähig, echte reine Schönheit anzuerkennen. *Und das ist wirklich bedauerlich*, dachte Smith und sagte laut: »Jones, das ist eine Oase. Wir haben eine echte Oase gefunden, und jeder wird uns um diesen Fund beneiden und beglückwünschen, sobald wir die gute Neuigkeit der Erde gemeldet haben. Laß dir doch mal richtig durch den Kopf gehen, was wir hier entdeckt haben! Einen erdähnlichen Planeten! Erst den sechzehnten, der überhaupt in diesem Teil der Crab Legs Galaxis registriert wurde und zwar westlich des Diomedes Sternhaufen.«

»Das stimmt zwar«, gab Jones zu. »Doch wie können wir je wieder von hier wegkommen? Unser Schiff ist manövrierunfähig, und wir sitzen auf diesem erdähnlichen Planeten fest.«

»Das ist dein Problem. Du bist der Techniker unseres Teams, ich bin nur der Poet.«

»Na schön«, murmelt Jones. »Da ich praktisch veranlagt bin, werde ich zumindest versuchen, die Kontrollen zu reparieren.« Darauf schüttelten sie sich die Hände, doch ehe sie überhaupt so richtig mit den Reparaturarbeiten beginnen konnten, um mit ihrer triumphalen Neuigkeit zur Erde zurückzukehren, wurden sie entdeckt und bei lebendem Leib von den fremdartigen Ungeheuern des Planeten Willingston 7 verzehrt, die sich ihrerseits für die einzigen Intelligenzen des Universums hielten, aber noch zu primitiv waren, interstellare Reisen oder gar ein so komplexes Gewissen wie die Menschen entwickelt zu haben. Ich vergaß zu erwähnen, daß die beiden durch Materieverdrängung getötet wurden. So bleibt Willingston 7 also bis zum heutigen Tag unerforscht, was natürlich sehr bedauerlich ist, denn die Erdenmenschen suchen weiter nach bewohnbaren Planeten in den trostlosen Öden des Alls. Andererseits bleibt die grundlegende Konfliktsituation, wie sie zwischen den beiden bestand, erhalten, so lange das Hauptaugenmerk auf einer soliden Charakterisierung und einer soliden wohldurchdachten Handlung liegt.

DRITTER VERMERK. Tech-Studio Rangliste für Juli.

1/8	*Raumfahrerwettkampf*, von P. F. Glade	2.245
2	*Das gewalttätige Ungeheuer*, von G. F. Pay	2.371
3	*Sokrates' Schachfiguren*, von G. P. Plade	3.4
4	*Monderzählung (IV)*, von Glade Paf	3.6193
5	*Pathetischer Mißgriff*, von Paf G. Pade	3.6194

Eine knappe Sache in diesem Monat. Aber alle haben ihren verdienten Platz bekommen. *Monderzählung* wird übrigens in

Kürze eine Fortsetzung finden, sobald »Tech« Paf mit der Fabrik zu Rande kommt und sich seiner neuen Story voll widmen kann. Ich bin überzeugt, sie wird euch gefallen, sie handelt von Metall, Chrom, Tastern, ultrasonischer Bestrafung und der hieronymischen Kettenreaktion – und es kommt keine Frau darin vor!

VIERTER VERMERK. Die Zeitmaschine brachte Martin ins zwölfte Jahrhundert A.D., wo er seines Vaters Urahn erschlug, von der Verwüstung des Terrains, wo Karthago gestanden hatte, gar nicht zu reden. Dann kehrte er in seine eigene Zeit, 2012 A.D. zurück und erwartete nicht mehr zu existieren, was ein Trugschluß war. »Oho!« brüllte Martin. »Die Zeit ist also gar nicht kontinuierlich, sondern eine veränderliche Folge von parallelen Konzeptionen, die sich im Augenblick der Realisierung spalten und eine Serie von gleichlaufenden Vorgängen schaffen. Darum stammt auch keiner von uns aus mehr als sich selbst!« Er war sehr erfreut über diese Erkenntnis und kehrte voll Energie ins Jahr 44 vor Christus zurück, wo er Kaiser Nero in seinen Lustgärten antraf. Nero war gerade dabei, mit einer Sklavin zu kopulieren, keusch natürlich, die Genitalien unter der reichen Kleidung verborgen, von den großen schweren, herrlichen Brüsten der Sklavin abgesehen. »Was zum Teufel haben Sie hier zu suchen?« fragte Nero und musterte Menachems seltsame Kleidung und die Zeitmaschine in des kühnen Reisenden linker Hand. »Wir haben das Jahr 44 vor Christus«, fuhr er fort, »und legen keinen Wert auf Eindringlinge aus dem einundzwanzigsten Jahrhundert. Außerdem ist die Zeit individualistisch und keine Konstante. Ich habe nie davon gehört, darum kann es gar nicht passiert sein.« Nero sprang von der Sklavin auf, bedacht, daß ihr Körper bedeckt blieb, und näherte sich Martin mit einem Schwert in der Rechten. Martin schaltete die Zeitmaschine ein, um sich eiligst zurückzuziehen, mußte jedoch feststellen, daß etwas mit den Verdichterkondensatorspulen nicht stimmte, daß sie, anstatt glatt durch die Dimensionsfalle zu gleiten, durch eine Infinitesimalkrümmung schlüpften und eine negative Explosion im Kaborundum verursachten. Das bedeutete, daß er hier festsaß und gegen diesen wütenden römischen Potentaten kämpfen mußte. Er griff nach seiner Waffe in der hinteren Hosentasche – es handelte sich um eine deutsche Luger, die er vor achtundsechzig Jahren während der Invasion in der Normandie erobert hatte, als er noch ein ganz junger Mann gewesen war –, riß den Abzug durch und schoß ein recht hübsches Loch in die Brust des Tyrannen. Das wiederum führte dazu, daß der verderbte Idiot durch ihn hindurch ins einundzwanzigste Jahrhundert fiel, wo er eine hohe, einflußreiche Position errang und schließlich sogar einer der bedeutendsten Produzenten der Realie-Feelies wurde. Martin dagegen blieb in Rom mit der Sklavin, sie hieß Roxanna, und entdeckte zu seinem Entzücken, daß sie keine Brustwarzen hatte. Er übernahm die Freuden und Pflichten des Kaisers, und niemand bemerkte den Unterschied, denn Martin war ein gerechter und weiser Despot, der früher einmal eine gute Ausbildung als Violinstimmer genossen hatte. Als darum die Zeit kam, der Geschichtsschreibung gerecht zu werden, tat er es sehr gekonnt, wenn auch zum erstenmal. Also erwies sich die Zeit doch als geschlossener Kreis: er und Nero hatten lediglich die Plätze getauscht. Das bewies, daß Ordnung und nicht Irrsinn im Universum herrschte. Oder hatten Sie etwas anderes erwartet?

FÜNFTER VERMERK. In den ödesten Regionen des Alls, auf dem trostlosesten Planeten einer vergessenen Sonne, ist ein Grab. Auf dem Grabstein stehen die Worte: *HIER WAR EIN MANN.* Alles andere von Bedeutung auf diesem Planeten ist eine Sammlung von Heftromanen und diverse Bilder von nackten Frauen in recht fragwürdigen Positionen. Das alles steckt als eine Art Grabeinfassung mit Messern im Boden. Die Geschichte dahinter ist sehr ungewöhnlich und äußerst interessant und dreht sich um Ereignisse im dreiundneunzigsten Jahrhundert, lange nachdem der Mensch sich weit über die Galaxis ausgebreitet hatte. Der Name dieses Mannes im Grab ist unwichtig, denn er steht für alle Männer, aber wie dem auch sei, er ist Sam Ross, und er wird nie wirklich tot sein, so lange nicht, als es das Leben überhaupt gibt und so etwas wie Fügung. Was er tat, war, zu den verschiedenen Planeten des gewaltigen Sonnensystems zu reisen und seinen Lebensunterhalt mit Singen und Gitarrespielen zu verdienen – ein interstellarer Troubador. Sein einziges Vergnügen war das pornographische Kartenspiel, das er in seinem Gitarrenkasten bei sich trug und das er in den Cafés der diversen Planeten betrachtete, eine Karte nach der anderen, und dabei seinen harmlosen psychopathischen Gedanken nachhing, bis eines Abends die interstellare Polizei eine Razzia machte und ihn wegen Erregung öffentlichen Ärgernisses verhaftete.

Sein Widerstand gegen die Planetengewalt brachte ihm eine Kugel in die Wirbelsäule ein, die ihn zuerst lähmte und schließlich langsam und schmerzhaft aus dem Leben in den Tod beförderte. Er verbrachte seine letzten Tage in einer Heilanstalt auf Deneb XVLL, umgeben von Nonnen, und trank Raumcocktails aus großen Kannen, die man ihm an die Lippen hielt, und betrachtete seine Karten, die man an herabhängenden Drähten über seinem Bett befestigt hatte. Als er starb – die Schwestern waren alle katholisch, aber sehr tolerant dem freidenkenden Fremden gegenüber –, waren sie sich darin einig, daß es tragisch war und sein Tod mehr als ein stummes Verlöschen einer anonymen Seele, denn er hatte sich ihnen gegenüber jederzeit außergewöhnlich höflich benommen.

Zur ewigen Erinnerung an ihn suchten sie einen einsamen Planeten und begruben ihn dort, so wie er es immer gern gewollt hatte – mit einem Grabstein, dessen Inschrift ich Ihnen bereits verraten habe, mit den Karten um ihn herum und einer Menge Heftromane, denn in dieser Zivilisation wird viel Fluchtliteratur gelesen. Später machte man aus seiner Geschichte eine Ballade, die jetzt überall bekannt ist. So schläft Ross nun in sentimentalem Andenken, ein kulturelles Idol, und niemand weiß oder versteht, daß er nur ein einfacher, perverser Planetentramp war. Und selbst wenn man es einsähe, würde es keine Rolle spielen. Das ist ein Teil des ewigen Wunders unseres Universums, in dem der Mensch auszieht, um im Schoß der Zeit die Entstehung seiner Individualität in der Mutterschaft der Möglichkeit zu entdecken.

SECHSTER VERMERK. Smith reiste auf der Zeitspur zu einer alternativen Erde. Sie nannte sich Urerde oder Llanavogel, und er wurde ein sagenumwobener Ritter zwischen den Feen, Elfen, Gnomen und Zauberern dieser wundervollen Welt. Er war auf der Suche nach dem heiligen Gral, der ihn in seine eigenen Ebenen zurückbringen könnte, aber es wäre übertrieben zu behaupten, daß ihm übermäßig viel daran lag. Nicht bei all den aufregenden Abenteuern, die er erlebte, und den wundersamen Dingen, die ihm widerfuhren. Er kämpfte gegen Jom, einen bärtigen Riesen, der auf dem Berggipfel lebte, wo er achtzehn Jungfrauen gefangenhielt, und den armen Elfen und Gnomen das Leben zur Hölle machte, bis Smith ihnen zeigte, wie man das Ungetüm zu behandeln hat. Smith war auf Llanavogel zwei Meter dreißig groß, mit riesigen Füßen und der Angewohnheit, Balladen mit seiner Tenorstimme vorzutragen, die vor allem die Elfen so richtig aufwühlten und sie sehnsüchtig von der Parallelerde träumen ließ, auf der auch sie einmal all den Komfort, die Bedürfnisse und die Sicherheit einer wohlgeregelten Existenz haben würden: die einer Beamtenlaufbahn.

SIEBTER VERMERK. Liebes Tech-Studio, mir gefielen alle Storys und es fiel mir schwer, mich für die Reihenfolge zu entscheiden. Aber ich glaube, die mit Kaiser Nero war die beste, wegen des gewissen Etwas. Wo ist eigentlich dieses gewisse Etwas jetzt? Es sieht so aus, als hätten wir es nicht mehr, darum ist auch alles nicht mehr so, wie es sein sollte. Mir gefiel auch die mit den Feen sehr gut. Aber was soll ich sagen. Ich war eben von jeder begeistert. Ich bin froh, daß es das Tech-Studio gibt, und daß es versucht, mich zufriedenzustellen. Meine Adresse ist hier unter der Unterschrift und ich würde mich freuen, wenn andere Fans mit mir korrespondierten. Ich habe eine Menge alte Hefte und neue Ideen (ha, ha!), und ich möchte mich gern mit anderen »Tek«-Fans über »Tek« und Schach unterhalten. Also setzt euch mit mir in Verbindung. Hier bin ich, wo ich immer war, bitte schreibt mir, ich möchte gern von euch anderen hören, also schreibt mir bitte, schreibt mir bitte, irgend jemand, denn wenn ich keine Post bekomme von irgendwem in der gleichen Lage, dann werde ich sicher verrückt, aber

ACHTER VERMERK. So und so lebte in jenem Jahr, und die Gesellschaft war zu der Zeit in der und der Weise orientiert, aber so und so war nicht einverstanden damit, und so entschloß er sich, dies und jenes zu tun, und sich somit gegen dies und jenes aufzulehnen. Doch schließlich nach einem langen Kampf mit diesem und jenem, geschah es so und so, und sie übernahmen die Taschenbuchrechte.

DUNKELHEIT

von André Carneiro

Waldas akzeptierte die Realität des Phänomens etwas später als die anderen. Erst am zweiten Tag, als bereits jeder über die wachsende Dunkelheit, über das immer schwächer werdende Licht sprach, gab er zu, daß es stimmte. Eine alte Dame schrie, daß die Welt unterginge. Die Menschen bildeten kleine Gruppen und brachten ihre hauptsächlich metaphysischen Erklärungen, vermischt mit wissenschaftlichen Kommentaren aus den Zeitungen an den Mann. Er ging wie gewohnt zur Arbeit. Selbst der Chef, der sich sonst so distanzierte, lehnte am Fenster tief im Gespräch mit seinen Angestellten. Die meisten waren jedoch überhaupt nicht ins Büro gekommen. Der riesige Raum, in dem sich Schreibtisch an Schreibtisch reihte, kündete mit seiner Leere deutlich von der Wichtigkeit dieses Ereignisses.

Jene Leute, die ständig nachsahen, wie das Wetter war, waren die ersten, denen es auffiel. Die Sonne wirkte schwächer als sonst. Häuser und Bäume und andere größere Gegenstände waren von wachsenden Schatten umgeben. Zuerst glaubten sie an eine optische Täuschung, doch des Abends brannte auch das elektrische Licht schwächer. Die Frauen bemerkten, daß Flüssigkeiten, die sie zum Kochen auf den Herd stellten, den Siedepunkt nicht erreichten. Die Mahlzeiten mußten halb gar eingenommen werden. Die Meinungen der Experten wurden zitiert, und die Menschen hingen an den Lippen der Fernsehkommentatoren, deren Erklärungen jedoch recht vage und widersprüchlich waren. Leute mit schwachen Nerven beschworen eine Panik herauf, und die Bahnhöfe und Busstationen waren überfüllt, denn viele verließen die Stadt, obwohl die Nachrichtensprecher versicherten, daß dieses

Phänomen überall auf der Welt gleich war. Aber Waldas zweifelte daran.

Jedenfalls wuchsen die Schatten ständig. Jemand zündete ein Streichholz an, und damit begannen die Tests. Jeder machte sie. Sie knipsten ihre Feuerzeuge an oder leuchteten mit den Taschenlampen in eine dunkle Ecke und bemerkten die viel schwächere Leuchtkraft. Die Glühbirnen und Neonröhren erhellten die Räume nicht mehr wie früher. Man konnte mit der Hand durch eine offene Flamme fahren, ohne sich die Finger zu verbrennen. Viele hatten Angst, aber Waldas gehörte nicht zu ihnen. Um vier Uhr begab er sich nach Hause. Er schaltete die Zimmerbeleuchtung ein, aber die Glühbirnen strahlten kaum noch Licht aus, sie schienen eher wie rötliche Warnsignale. In der Imbißstube, wo er immer seine Mahlzeiten einnahm, servierte man ihm ein Sandwich, es gab nichts Warmes zu essen. Nur der Besitzer und eine der Serviererinnen hielten noch die Stellung. Das Mädchen ging gleich, nachdem es ihn bedient hatte. Langsam verschwand es in der Dämmerung.

Waldas erreichte seine Wohnung ohne Schwierigkeiten. Er war es gewohnt, spät nach Hause zu kommen und seinen Weg zu finden, ohne das Treppenlicht einzuschalten. Der Lift funktionierte nicht, aber er wohnte ja nur im dritten Stock. Aus seinem Radio drangen lediglich seltsame Geräusche, vielleicht Stimmen, vielleicht statische Störungen. Als er aus dem Fenster blickte, sah er Tausende von schwachen rötlichen Lichtpünktchen, die Beleuchtung der vielen Gebäude, deren Silhouetten sich kaum gegen den sternenlosen Himmel abhoben. Er ging zum Kühlschrank und holte sich ein Glas Milch. Der Motor arbeitete nicht. Die Wasserpumpe würde sicher ebenfalls bald ausfallen. Er füllte die Badewanne an. Mit der Taschenlampe sammelte er alles Eßbare, das er in seinem kleinen Apartment hatte und stellte alles auf den Küchentisch: ein paar Dosen Trockenmilch, Frühstücksflocken, Kekse und eine Schachtel Pralinen. Dann schloß er das Fenster, drehte das Licht aus und legte sich ins Bett. Ein kalter Schauer rann seinen Rücken herab, als er sich die Gefahr ausmalte, in der sie alle schwebten.

Er schlief sehr unruhig, und seine Träume waren wirr und beängstigend. Ein Kind weinte in der Nachbarwohnung und bat die Mutter, das Licht einzuschalten.

Er schreckte bestürzt auf. Mit der Taschenlampe ganz eng ans Zifferblatt gedrückt, sah er, daß es acht Uhr morgens war. Er öffnete das Fenster. Die Dunkelheit schien fast vollkommen. Man konnte gerade noch die Sonne rot und rund im Osten sehen, so als blicke man durch ein geschwärztes Glas. Auf der Straße zogen die vereinzelten Fußgänger wie trübe Schatten vorbei, lediglich an den schwachen Silhouetten zu erkennen. Aus der Leitung floß nur noch wenig Wasser, und Waldas vermochte sich gerade noch das Gesicht zu waschen. Dann begab er sich in die Küche und aß einen Teller voll Reiskrispies mit Pulvermilch. Aus Gewohnheit wollte er sich fertigmachen, zur Arbeit zu gehen, bis ihn die Wirklichkeit mit voller Wucht traf, und er erinnerte sich an die furchtbare Angst, die er ausgestanden hatte, als man ihn als Kind versehentlich in den Schrank sperrte. Es war ihm, als bekäme er nicht genügend Luft, und die Dunkelheit bedrückte ihn. Er ging zum Fenster und atmete tief ein. Die rote Scheibe der Sonne hing am dunklen Himmel. Waldas hatte Schwierigkeiten, seine Gedanken zu koordinieren. Die Finsternis drängte ihn, nach Hilfe zu rufen. Er ballte seine Hände zu Fäusten und sagte laut vor sich hin: »Ich muß Ruhe bewahren und mein Leben schützen, bis sich alles wieder normalisiert.« Das wiederholte er mehrmals.

Er hatte eine verheiratete Schwester, die nur drei Häuserblocks weiter wohnte. Das Bedürfnis nach Gesellschaft bestärkte ihn in dem Entschluß, sie aufzusuchen und ihr und ihrer Familie, so gut es in seiner Macht stand, zu helfen. In der Finsternis des Gangs hielt er sich zur Orientierung an die Wände. Auf einer Seite des Korridors fragte eine besorgte Männerstimme: »Wer ist da draußen?«

»Ich bin es, Waldas von Apartment 312«, antwortete er.

Er wußte, wer der Frager war. Ein grauhaariger Mann mit einer Frau und zwei Kindern.

»Bitte«, rief der Mann, »sagen Sie meiner Frau doch, daß die Dunkelheit wieder aufhören wird. Sie weint schon seit gestern, und die Kinder fürchten sich.« Waldas näherte sich langsam. Die Frau mußte offenbar neben ihrem Mann stehen. Sie schluchzte leise vor sich hin. Er versuchte ein Lächeln, obwohl sie ihn nicht sehen konnten.

»Machen Sie sich keine unnötigen Sorgen, Madame. Es ist zwar ziemlich dunkel, aber man kann immer noch die Sonne sehen da draußen. Es besteht keine Gefahr, die Finsternis wird nicht lange anhalten.«

»Hörst du«, tröstete sie der Mann. »Es ist ja nur dunkel, niemandem wird etwas geschehen. Du mußt dich um der Kinder willen beruhigen.« Nach den Geräuschen schloß Waldas, daß sie sich aneinanderklammerten. Er schwieg einen Augenblick und begann sich dann weiter auf den Weg zu machen. »Ich muß nun gehen«, entschuldigte er sich. »Wenn ich irgend etwas für Sie tun kann –« Der Mann sagte: »Auf Wiedersehen und vielen Dank, aber es wird sicher bald vorübergehen.«

Auf der Treppe war es stockdunkel. Er hörte vereinzelte Gesprächsfetzen durch die Türen der diversen Wohnungen dringen. Die Dunkelheit schien die Leute zu veranlassen, lauter zu sprechen. Vielleicht klangen ihre Stimmen in der sonstigen Stille auch nur lauter.

Er erreichte die Straße. Die Sonne stand hoch am Himmel, aber sie strahlte kaum noch Licht aus, weniger als der abnehmende Mond. Hin und wieder schritten Menschen an ihm vorbei, einzeln oder in Gruppen. Ihre Stimmen klangen laut, manche witzelten noch, wenn sie über eine Unebenheit stolperten. Waldas setzte bedachtsam Fuß vor Fuß und stellte sich vor seinem geistigen Auge den Weg zum Haus seiner Schwester vor. Die rötlichen Umrisse der Gebäude wurden schwächer. Wenn er seinen Arm ausstreckte, vermochte er kaum noch eine Hand zu sehen. Er ging ganz langsam und wunderte sich über jene, die ihn eiligen Schrittes überholten. Das Winseln eines kleinen Hundes drang von einem Balkon auf die Straße. Von irgendwo vor ihm kam Lärm. Leute riefen, eine Frau weinte. Jemand ging an ihm vorbei und betete.

Waldas hielt sich eng an die Häuser, daß niemand ihn überrennen konnte. Er mußte eigentlich den halben Weg schon geschafft haben. Er hielt an, um Luft zu holen. Seine Brust hob und senkte sich schwer, seine Muskeln waren angespannt und müde. Sein einziger Orientierungspunkt war der verwaschene Fleck der verschwindenden Sonne. Einen Augenblick bildete er sich ein, daß die anderen mehr sehen konnten als er. Aber dann kamen die Schreie und Rufe von überall her. Waldas drehte sich um. Die pulsierende rote Scheibe war nicht mehr zu sehen. Nun war die Dunkelheit vollkommen. Ohne die Häusersilhouette hatte er keinen Wegweiser mehr. Es war unmöglich weiterzugehen. Er mußte versuchen, zu seiner Wohnung zurückzufinden. Mit den Händen gegen die Häusermauern, tastete er sich zurück und orientierte sich an Türen und Schaufenstern, ob er auch den richtigen Weg eingeschlagen hatte. Schweiß rann ihm über die Stirn und er zitterte, so sehr konzentrierte er sich.

Als er um die Ecke bog, hörte er das unverständliche Gemurmel eines Mannes, der sich ihm aus der entgegengesetzten Richtung näherte. Vielleicht war er betrunken, jedenfalls brüllte er laut und packte Waldas, der versuchte loszukommen und der den anderen mahnte, nicht die Nerven zu verlieren. Der Fremde brüllte daraufhin um so lauter, doch nur wirres Zeug. Verzweifelt umklammerte Waldas nun des anderen Hals und gab ihm einen Schubs. Der Mann fiel auf das Pflaster und fing zu stöhnen an. Mit ausgestreckten Händen als Schutz vor weiteren Zwischenfällen ging Waldas weiter. Hinter ihm heulte der Besoffene. Ein Fensterladen schlug auf und zu, und Geräusche, die früher vom Straßenlärm verschluckt worden waren, drangen aus den Häusern und Wohnungen. Seine tastenden Finger berührten eine vertraute Tür, und er stolperte über die erste Treppenstufe. Jemand rief: »Wer ist da draußen?« und er antwortete: »Ich, Waldas vom dritten Stock.«

»Waren Sie auf der Straße? Kann man irgend etwas sehen?«

»Nein. Es ist stockdunkel, man sieht überhaupt nichts mehr.«

Der andere schwieg, und Waldas stieg vorsichtig die Treppen hoch. Er öffnete die Tür zu seinem Apartment und ließ sich aufs Bett fallen. Alle möglichen unangenehmen Gedanken schwirrten ihm wirr durch den Kopf. Er schleppte sich zur Küche, wo es ihm gelang, mit einem Messer den gläsernen Uhrendeckel abzuheben. Er betastete die Zeiger. Es war elf oder zwölf Uhr, also ungefähr Mittag. Er löste Trockenmilch in einer Tasse Wasser auf und trank sie. Jemand klopfte an seine Tür. Sein Herz klopfte heftig. Es war sein Nachbar, der um ein wenig Wasser für seine Kinder bat. Waldas sagte, daß seine ganze Badewanne voll sei, dann ging er mit ihm, um seine Frau und die Kinder zu holen. Seine Umsicht hatte sich gelohnt. Sie faßten einander an den Händen und bildeten so eine Kette, als sie sich alle in seine Wohnung begaben. Die Kinder waren ruhig, selbst die Frau weinte nicht mehr, sie wiederholte nur immer wieder: »Danke, danke, vielen, vielen Dank.« Waldas führte sie in die Küche und bot ihnen Sitzgelegenheiten an, während die Kinder sich an ihre Mutter klammerten. Er tastete nach dem Hängeschrank und zerbrach ein Glas. Er fand einen Aluminiumtopf, den er mit Wasser aus der Badewanne füllte und auf den Tisch stellte. Dann drückte er Tassen in die danach tastenden Hände, aber da er sie in der Dunkelheit nicht gerade halten konnte, schüttete er etwas von der kostbaren Flüssigkeit aus. Als sie durstig tranken, überlegte er, ob er ihnen wohl etwas zu essen anbieten sollte. Der Junge dankte ihm und sagte, daß er hungrig sei. Waldas hob die große Dose mit Trockenmilch hoch und begann vorsichtig die Vorbereitungen. Er zählte laut mit, als er die Pulvermenge mit dem Löffel maß und sie mit Wasser vermischte. Sie lobten seine Tüchtigkeit und baten ihn, vorsichtig zu sein. Waldas brauchte über eine Stunde, um die Milch zu mixen und auszuteilen, aber die Anstrengung und das Bewußtsein, etwas Nutzvolles zu tun, taten ihm gut.

Einer der Buben lachte über etwas, das ihm komisch vorkam. Zum erstenmal, seit die Dunkelheit eingesetzt hatte, war Waldas optimistisch und überzeugt, daß alles wieder gut werden würde. Sie blieben noch eine lange Weile in seinem Apartment und unterhielten sich. Des öfteren lehnten sie sich zum Fenster hinaus und suchten nach einem fernen Lichtschimmer, und manchmal glaubten sie, einen zu entdecken und waren ganz aufgeregt vor

Freude, und wenn sie immer wieder feststellen mußten, daß sie sich getäuscht hatten, gaben sie es nicht zu. Waldas war plötzlich zum Familienvater geworden. Er gab ihnen zu essen und führte sie in seinen vier kleinen Zimmern herum, in denen er sich mit geschlossenen Augen zurechtfand. Gegen neun oder zehn kehrten sie, wieder mit den Händen eine Kette bildend, in ihre eigene Wohnung zurück. Waldas begleitete sie und half die Kinder ins Bett bringen. Auf der Straße brüllten verzweifelte Väter, bettelten um ein paar Brosamen für ihre Familien. Waldas hatte die Fenster geschlossen, um sie nicht hören zu müssen. Was er hatte, würde gerade ausreichen seine eigene, nun fünfköpfige Familie für die nächsten beiden Tage vor dem Hungern zu bewahren. Waldas blieb bei ihnen, gleich neben dem Zimmer der Kinder. Sie lagen in ihren Betten und plauderten und waren glücklich, nicht mehr allein zu sein. Schließlich stellten auch die Erwachsenen ihr Gespräch ein und vergruben ihren Kopf unter den Kissen wie schiffsbrüchige Matrosen, die sich an Balken klammerten und die flehentlichen Hilferufe anhören mußten, denen sie nicht Folge leisten konnten. Sie schliefen und träumten von einem neuen Tag, einem blauen Himmel, von der Sonne, die ihre Strahlen durch die Fenster schickte, und ihre Augen hungerten nach den Farben, die sie nun so sehr vermißten. Aber es war nur ein Traum.

Die Zeiger auf Waldas' Uhr verrieten, daß es gegen acht Uhr sein mußte. Die anderen wachten ebenfalls auf, und Hand in Hand schritten sie zu seiner Küche, wo sie ihr frugales Mahl, bestehend aus Frühstücksflocken und Milch einnahmen. Die Kinder stießen an den Möbeln an und verliefen sich in dem kleinen Wohnzimmer, und ihre Mutter tadelte sie aufgeregt. Als sie schließlich alle in den Sesseln Platz gefunden hatten, wußten sie nicht, womit sie sich beschäftigen könnten.

Wieder zerbrachen sie sich den Kopf über die Ursache des Phänomens, erfanden Gründe und Hypothesen, die nichts mehr mit Wissenschaft zu tun hatten. Unklugerweise entfuhr es Waldas, daß dieser Zustand sich vielleicht nicht mehr ändere. Die Frau begann zu schluchzen, und es war sehr schwierig, sie wieder zu beruhigen. Die Kinder stellten Fragen, die unmöglich zu beantworten waren. Mit einem Mal hatte Waldas das Bedürfnis, etwas zu unternehmen. Er erhob sich, um draußen ein wenig herumzuhorchen, wenn schon nichts zu sehen war. Sie versuchten es ihm auszureden, weil es nicht nur gefährlich, sondern auch sinnlos war. Aber er versprach ihnen, daß er sich nicht weiter als zweihundert Meter vom Haus entfernen würde, nur bis zur nächsten Ecke, daß er keinesfalls die Straße zu überqueren beabsichtigte und so fort.

Draußen lehnte er sich gegen die Mauer und lauschte. Ein kalter Wind pfiff durch die Leitungen und wirbelte raschelndes Papier auf. Aus der Ferne drang ein Heulen zu ihm, das hin und wieder etwas intensiver wurde, und dazu der Klang von Stimmen, vielen unverständlichen Stimmen. Er verhielt sich ganz still und wartete, ehe er sich ein paar Meter weit wagte. Nur seine Ohren vermochten das pulsierende Leben der in Dunkelheit versunkenen Stadt zu vernehmen. Ob mit offenen oder geschlossenen Augen, es blieb derselbe schwarze Schlund ohne Anfang, ohne Ende. Es war entsetzlich, hierzubleiben und still auf nichts zu warten.

Die Ängste seiner Kindheit überfielen Waldas. Er beeilte sich fast in Panik, zum Hauseingang zurückzukommen. Er zerkratzte sich die Hände an der rauhen Wand und stolperte die Treppen hoch, während furchtsame Stimmen riefen: »Wer ist da draußen? Wer ist da draußen?« Er antwortete nach Luft schnappend, und nahm je zwei Stufen auf einmal, bis er bei seinen Freunden war. Sie rempelten sich gegenseitig an in ihrer Aufregung, ihn zu finden und voll Angst, es könnte ihm etwas zugestoßen sein. Sie fragten ihn, was passiert sei, und er gab lachend zu, daß er sich gefürchtet hatte.

Den Rest des Tages arbeiteten sie und redeten viel, beschrieben, was sie gerade taten. Die Kette der Worte, die sie zusammenhielt, brach schließlich. Keiner von ihnen wußte es vom anderen, aber alle hoben zur gleichen Zeit den Kopf, lauschten, atmeten schwer und warteten auf ein Wunder, das es nicht gab.

Die Pralinenschachtel, obwohl rationiert und ihr Inhalt gerecht verteilt, war nun leer. Frühstücksflocken und Milch waren noch vorhanden. Es war besser, überhaupt nicht an die Konsequenzen zu denken, wenn das Licht nicht bald wiederkehrte. Die Stunden verstrichen. Wieder legten sie sich in ihre Betten, schlossen die Augen, sehnten den Schlaf herbei und warteten darauf, daß der Morgen mit dem hellen Licht des Tages kam. Aber als sie erwachten, waren ihre Augen genauso nutzlos wie zuvor, die Flammen erloschen, der Herd kalt. Die Nahrungsmittel gingen zur Neige. Waldas verteilte die letzten Frühstücksflocken und die Milch. Sie wurden unruhig. Das Haus hatte zehn Stockwerke. Waldas entschloß sich, zum Dachgeschoß zu klettern, um in die Ferne zu blicken.

Er stieg die Treppen hoch. Fragen drangen aus allen Wohnungen auf ihn ein. »Wer ist da draußen? Wer geht die Stiegen hoch?« In der fünften Etage erklärte ihm eine Stimme. »Sie können ruhig hinaufgehen, aber sie vergeuden nur ihre Zeit. Ich kam soeben mit zwei Freunden zurück. Man kann überhaupt nichts sehen, nirgends, in keiner Richtung.« – »Meine Lebensmittel sind ausgegangen«, sagte Waldas zu den Türen und Wänden, »ich habe ein Ehepaar mit zwei Kindern bei mir in der Wohnung. Könnten Sie uns aushelfen?« Die Stimmen antworteten: »Es reicht gerade noch für uns bis morgen.« – »Wir haben selbst nichts mehr!« – »Wir können leider gar nichts tun!« Waldas beschloß umzukehren. Durfte er es wagen, seinen Freunden die Wahrheit zu sagen?

»Ich bin gar nicht ganz hinaufgegangen. Ich fand jemanden, der gerade erst oben gewesen war. Er sagte, ganz, ganz weit in der Ferne war irgend etwas zu sehen, aber er vermochte nicht zu erklären was.« Das Ehepaar und die beiden Kinder waren voll Hoffnung, als er die einzige übriggebliebene Möglichkeit vorschlug. Er würde noch einmal nach draußen gehen und in den Laden einbrechen, der sich ungefähr hundert Meter weiter auf derselben Straßenseite befand.

Er bewaffnete sich mit einem Stemmeisen aus seinem Werkzeugkasten und zog aus, Lebensmittel zu stehlen. Er vermochte gar nicht daran zu denken, was ihm unterwegs alles über den Weg laufen konnte. Die Finsternis hatte alle Merkmale verschluckt. Waldas schritt ganz knapp an den Mauern entlang und die Hände mußten sein Sehvermögen ersetzen, während er versuchte, sich jede Einzelheit des Stückchen Weges ins Gedächtnis zurückzurufen. Schließlich erreichte er die rostzerfressene Eisentür. Es konnte gar keinen Irrtum geben, denn es befand sich nur ein einziges Geschäft in diesem Block.

Er bückte sich, um nach dem Schloß zu tasten. Seine Hände stießen auf keinen Widerstand, die Tür stand halb offen. Er schob sich hindurch und bemühte sich, kein Geräusch zu machen. Die Regale mit den Lebensmitteln und Süßigkeiten befanden sich rechts von der Tür, daran erinnerte er sich. Er prallte gegen die Theke. Leise fluchend blieb er reglos stehen, die Muskeln gespannt, und wartete. Als sich nichts rührte, kletterte er darüber und streckte die Arme aus. Seine Hände berührten eines der Regale. Es war leer. Mit fliegenden Fingern suchte er sämtliche Fächer ab. Nichts, absolut nichts. Nun war es ihm gleichgültig, ob man ihn hörte oder nicht. Er betastete jeden Winkel des Raums, stolperte über leere Schachteln, stieß sich an spitzen Kanten, schlug sich den Kopf an, aber er merkte es kaum. Noch einmal begann er die Suche von vorn, aber auch diesmal vermochte er absolut nichts zu entdecken. Offenbar war dieser Laden – wie sicher alle Lebensmittelgeschäfte in der Stadt – die einzige Hoffnung für jene gewesen, die keinen Vorrat zu Hause gehabt hatten.

Waldas setzte sich auf eine der leeren Kisten und vermochte die Tränen nicht mehr zurückzuhalten. Was konnte er nur tun? Erfolglos zurückkehren? Oder sein Glück in weiter entfernt liegenden Läden versuchen, wenn er nicht einmal wußte, wo die nächsten waren.

Er hob sein Stemmeisen von der Theke auf und machte sich müden Schrittes auf den Weg zurück zu seinen unsichtbaren Freunden. Plötzlich hielt er an. Seine Hände tasteten vergebens nach einem vertrauten Merkmal. Er ging noch ein paar Meter weiter; seine Finger berührten fremde Türen und Mauern, und schließlich stand er an einer Ecke. Er mußte wohl oder übel zurück zu dem Laden, um es von dort noch einmal zu versuchen. Seine Finger waren schon blutig von den rauhen Wänden, doch soviel Mühe sie sich auch gaben, sie fanden die rostige Eisentür nicht mehr. Er war in die Irre gegangen. Er setzte sich auf den Gehsteig und das Blut pochte in seinen Schläfen. Wie ein Ertrinkender arbeitete er sich hoch und rief: »Bitte helft mir! Ich habe mich verlaufen. Bitte sagt mir, wie diese Straße heißt.« Er wiederholte es immer wieder und von Mal zu Mal lauter, aber niemand antwortete ihm. Je mehr das Schweigen auf ihn drückte, desto eindringlicher bat er, flehte die Unsichtbaren an, ihm um Gottes Lohn zu helfen. Doch warum sollten sie auch? Hatte er nicht selbst durch seine eigenen Fenster die angstvollen Rufe jener gehört, die sich wie er verlaufen hatten, die um Auskunft flehten, deren verzweifelte Stimmen alles mögliche befürchten ließen, und die man deshalb besser ignorierte? Waldas setzte sich in Bewegung, ohne zu wissen in welche Richtung. Er rief weiter um Hilfe, brüllte hinaus, daß er für vier Menschen zu sorgen hatte. Nun hielt er sich nicht mehr an die Häuserwände. Er schritt hastig im Kreis wie ein Betrunkener und flehte um Auskunft und um etwas zu essen. »Ich bin Waldas, vom Haus Nr. 215, bitte helft mir.«

Er vernahm Geräusche, Schritte in der Dunkelheit. Es war unmöglich, daß er nicht gehört wurde. Er rief und flehte und vergaß seinen Stolz. Die Höllenfinsternis machte ihn zum heulenden, stammelnden Kind. Die Dunkelheit lähmte ihn, drang durch seine Poren, veränderte ihn. Er hörte auf zu bitten. Nun fluchte er wild vor sich hin, bedachte seine lieben Mitmenschen mit Schimpfnamen, fragte brüllend, warum sie ihm nicht antworteten. Seine Hilflosigkeit verwandelte sich in Haß. Er umklammerte das Stemmeisen fester, bereit, sich mit Gewalt etwas zu essen zuerzwingen. Er stieß auf andere, die wie er zuvor um ein paar Brosamen bettelten. Waldas marschierte weiter, das Stemmeisen wie einen Knüppel schwingend, bis er mit jemandem zusammenrumpelte, den er an der Schulter packte und festhielt. Der Mann heulte vor Angst auf, und ohne ihn loszulassen, verlangte Waldas von ihm zu wissen, wo sie sich befanden und wie man sich den Magen füllen könnte. Der andere schien ein alter Mann zu sein, er schluchzte nur. Waldas ließ ihn frei. Er warf seine Waffe auf die Straße und setzte sich erneut auf den Bürgersteig. Er lauschte den Geräuschen um ihn, dem Wind, der die Fensterläden der verlassenen Wohnungen rüttelte. Die unterschiedlichsten Geräusche kamen aus den verschiedenen Richtungen. Tiefe ächzende, durchdringende Laute, die von verhungernden Tieren oder Menschen stammen mochten. Leichte rhythmische Schritte näherten sich ihm. Er rief um Hilfe und lauschte. Aus einiger Entfernung antwortete ihm die Stimme eines Mannes: »Warten Sie, ich komme und helfe.«

Der Mann schleppte einen schweren Sack und keuchte vor Anstrengung. Er bat Waldas, am hinteren Ende anzufassen und mit ihm zu kommen. Waldas spürte, daß etwas ungewöhnlich an diesem Mann war. Kaum vermochte er mit ihm Schritt zu halten, wenn der andere ohne das geringste Zögern um Ecken bog. Vielleicht vermochte sein neuer Gefährte etwas zu sehen? Vielleicht kehrte das Licht für die anderen zurück, und nur für ihn existierte die Dunkelheit noch.

»Ihre Schritte sind so sicher«, sagte er, »können Sie vielleicht etwas sehen?« Es dauerte eine Weile, ehe der andere antwortete. »Nein, ich sehe absolut nichts«, murmelte er, »ich bin blind.« »Auch schon — vorher —«, stammelte Waldas. »Ja, seit meiner Geburt. Ich führe Sie zum Blindenheim, wo ich lebe.«

Vasco, so hieß der Blinde, erzählte ihm, daß sie den Verirrten halfen und bereits ein paar bei ihnen Unterschlupf gefunden hatten, daß aber ihr Vorrat sehr beschränkt war, und sie nun niemand mehr — außer ihn noch — aufnehmen konnten. Die Finsternis würde weiterdauern, es war kein Ende abzusehen. Tausende von Menschen mußten vielleicht des Hungers sterben, aber es ließ sich nichts dagegen tun. Waldas kam sich vor wie ein verlaufenes Kind, das die Erwachsenen aus größter Gefahr gerettet hatten. Im Institut drückte man ihm ein Glas Milch und eine Scheibe Brot in die Hand. In seiner Erinnerung wuchs jedoch das Bild seiner Freunde, die mit klopfenden Herzen jedem Geräusch lauschten und mit hungrigen Mägen sehnsüchtig seiner Rückkehr harrten. Er sprach mit Vasco. Sie erwägten es, aber das Wohnhaus war groß und die anderen, die dort lebten, verdienten Hilfe nicht weniger, doch für so viele vermochten sie nichts zu tun. Waldas dachte an die Kinder. Er bat die Blinden, ihm den Weg zu weisen, oder er müsse ihn allein suchen. Er stand auf, um sich zu verabschieden, dabei stolperte er über etwas und fiel lang auf den Boden. Vaco erinnerte sich, was Waldas über die Wanne voll Wasser gesagt hatte – und Wasser war etwas, das sie benötigten. Sie brachten zwei große Plastikkannen und Vasco führte Waldas auf die Straße.

Um sich nicht zu verlieren, banden sie sich einen Strick um den Leib.

Vasco, der sich in der Nachbarschaft auskannte, schritt hurtig voran, wählte den kürzesten Weg und murmelte die Straßennamen vor sich hin. Immer wenn sie verdächtige Geräusche oder wüstes Fluchen hörten, machten sie einen weiten Bogen darum herum.

»Hier müßte es sein«, sagte Vasco. Waldas betastete die Tür und erkannte das Schloß. Der andere flüsterte ihm zu, die Schuhe auszuziehen, damit sie nicht so leicht gehört würden. Sie banden sie an die Schnur und schlichen dann leise die Treppen hoch, zwei Stufen auf einmal nehmend. Hin und wieder stießen sie sich irgendwo an und hörten unverständliche Stimmen hinter den Türen.

Sie erreichen den dritten Stock und klopften leise an der nachbarlichen Wohnung und als sich nichts rührte etwas lauter. Niemand antwortete. Auf Zehenspitzen gingen sie zu Waldas' Apartment. »Ich bin es, Waldas, bitte macht auf.« Sein Nachbar stieß einen überraschten Ausruf aus, als könne er es nicht glauben. Er öffnete die Tür und streckte die Arme aus, um Waldas zu betasten. »Ich bin es wirklich«, versicherte der ihm. »Wie geht es euch? Ich bringe einen Freund, der mich rettete und der den Weg kennt.«

Im Badezimmer füllten sie die zwei Plastikkannen mit Wasser. Vasco band sie den beiden Männern auf den Rücken. Er entdeckte auch noch ein paar Dinge, an die Waldas nicht gedacht hatte, die ihnen aber von Nutzen sein würden. Auch die anderen zogen ihre Schuhe aus. Sie hielten einander an den Händen und hasteten im Gänsemarsch die Treppen hinunter. Im Parterre fragte eine Stimme hinter der verschlossenen Wohnungstür: »Wer ist da draußen?« Keiner antwortete und Vasco zog sie schnell ins Freie. Immer noch im Gänsemarsch folgten sie dem Blinden.

Wegen der Kinder dauerte der Rückweg länger, aber auch, weil sie öfter anhielten, um auf verdächtige Geräusche zu achten. Erschöpft kamen sie im Blindenheim an, und mit der Erleichterung von Soldaten, die eine Schlacht gewonnen hatten.

Vasco setzte ihnen Haferflocken und Milch vor und überlegte dann mit seinen Gefährten, was sie tun konnten, um zu überleben, falls die Finsternis anhielt. Ein anderer Blinder wies ihnen Betten an. Sie fielen sofort in tiefen Schlaf, aus Müdigkeit und auch Erleichterung. Stunden später weckte Vasco sie und erklärte ihnen, daß man beschlossen habe, das Heim zu verlassen und sich auf die dazugehörende Musterfarm ein paar Kilometer außerhalb der Stadt zurückzuziehen. Ihre Vorräte hier gingen zur Neige, und die Aussicht schien gering, sie hier gefahrlos aufzufüllen.

Obwohl es der längere Weg war, planten sie, den Eisenbahnschienen zu folgen, die ein paar Straßen hinter dem Heim vorbeiführten.

Die Versammlungshalle schien riesig. Das Gemurmel der Anwesenden war wie ein dumpfes Dröhnen. Vasco hatte offenbar eine gewichtige Stimme. Er sagte, daß eine konsequente realistische Abschätzung ihrer Situation unumgänglich war, wenn sie zu überleben hofften. Er sprach erst zu seinen blinden Brüdern und erinnerte sie, daß die Dunkelheit für die anderen viel schlimmer war als für sie, die sie schon lange damit vertraut waren. Sie hatten elf Fremde im Heim aufgenommen. Mit den zwölf Blinden waren es nun insgesamt dreiundzwanzig Personen. Die restlichen Nahrungsmittel reichten noch für sechs bis sieben Tage. Es wäre sehr unklug, zu warten und zu hoffen, daß bis dahin wieder normale Zustände herrschten, von möglichen Überfällen durch Verirrte oder Hungernde ganz zu schweigen. Normalerweise arbeiteten und lebten zehn Blinde auf der Musterfarm. Sie zogen verschiedene Gemüsesorten, verfügten zum Verkauf über ein reichhaltiges Lebensmittellager und hatten keinen Mangel an Trinkwasser. Bei rationellem Verbrauch und vernünftiger Einteilung, war für ihre Verpflegung auf längere Zeit gesorgt. Nur mußten sie alle mithelfen und vor allem den Anweisungen strikt folgen. Der Auszug hatte völlig schweigend zu erfolgen, und es durfte absolut auf keine Rufe geantwortet werden.

Die Blinden verteilten die vollen Säcke, Koffer und Kisten, die mitzunehmen waren. Waldas stand nur unnütz im Weg herum und dachte, wie oft er doch früher an diesen Männern mit den dunklen Brillen, den weißen Stöcken und den blicklosen, starr geradeaus gerichteten Augen vorübergegangen war. Manchmal, wenn er nicht übermäßig in Eile gewesen war, hatte er ihr Geschick bedauert. Damals hatten sie noch nicht geahnt, daß sie einmal die Beschützer, ja die Retter ihrer Mitmenschen sein würden, die trotz gesunder Augen nicht mehr sahen als sie.

Wie Bergsteiger bildeten sie vier miteinander durch Seile verbundene Gruppen. Die schwierigste Strecke war die durch die Straßen bis zu den Schienen. Sie schritten auf Zehenspitzen und schwiegen wie abgemacht. Jeglichen von Menschen stammenden Geräuschen gingen sie aus dem Weg und nahmen lieber einen kleinen Umweg in Kauf, um sich nicht in Gefahr zu bringen oder sich vom Mitleid für die um ein Stückchen Brot bettelnden übermannen zu lassen. Der Wind trug die verschiedensten Laute heran, während die Gruppe, mit den Blinden als Führern, mit klopfenden Herzen durch die Dunkelheit zog. Als die Schuhe endlich die Schienen berührten, atmeten sie erleichtert auf. Nun kamen sie jedoch langsamer voran, weil sie aufpassen mußten, nicht über die Bohlen zu stolpern.

Die Zeit verging. Waldas schienen es viele Stunden. Plötzlich hielten die vordersten an. Ein Zug oder zumindest ein paar Güterwagen, befanden sich auf den Gleisen vor ihnen. Vasco erkundete allein. Der geflüsterte Befehl, den Weg neben den Gleisen fortzusetzen, wurde von Mund zu Mund weitergegeben. Sie schlichen an den Waggons entlang und hielten den Atem an, als sie den Laut hörten. Ein Mann oder ein Tier schien in einem der Wagen im Sterben zu liegen. Sie ließen den Zug hinter sich. Ihre müden, schmerzenden Füße folgten wieder den Schienen. In dieser alptraumhaften Finsternis kam Waldas sich wie ein Verurteilter vor, dem man vor dem Erschießen die Binde um die Augen gebunden hatte. Die Dunkelheit trug das Leben – die Konzentrierung all seiner Sinne – zu seinen Schuhen, die über den Schotter zwischen den Schienen dahinscharrten.

Waldas war überrascht, als das Seil um seine Mitte ihn auf eine ungeteerte Straße zog. Ohne daß es ihm jemand sagte, wußte er, daß sie nun auf dem Land waren. Wie vermochten die Blinden bloß den genauen Ort zu finden? Vielleicht durch ihren Geruchsinn? Durch den Duft, den die Bäume ausströmten? Er atmete tief ein. Es roch nach Eukalyptus. Er stellte sich die Bäume in gerader Linie links und rechts der Straße vor. Die Gruppe hielt an. Sie hatten ihr nicht zu sehendes Ziel erreicht. Nun war für eine Weile der Überlebenskampf für sie zu Ende.

Die Blinden brachten ihnen eine kalte Suppe, die Haferflocken und Honig zu enthalten schien. Vasco kümmerte sich darum, daß sie nicht ständig über irgend etwas stolperten oder sich gegenseitig anrempelten. Sie hatten nun Unterkunft und Verpflegung. Doch die anderen, die in der Stadt zurückgeblieben waren? Die Kranken in den Kliniken? Die Kinder? Sie wollten gar nicht daran denken.

In seiner eigenen Nachbarschaft, in seiner Wohnung, waren Waldas die Umgebung, die Möbel und vieles andere vertraut. Hier nichts, absolut nichts. Seine darin ungeübten Finger berührten Dinge, deren Sinn ihm fremd blieb.

Es gab Karotten, Tomaten, Kopfsalat, Bohnen und anderes Gemüse in den Gärten und verschiedene Arten reife Früchte auf den Bäumen und Sträuchern. Alles sollte rationiert werden, mit dem Löwenanteil für die Kinder. Man machte sich Gedanken, ob das Gemüse nach so vielen sonnenlosen Tagen zu verderben anfangen würde. Der Blinde, der sich um das Geflügel kümmerte, erklärte, daß die Hennen nicht mehr gelegt hatten, seit es dunkel war, obwohl er sie regelmäßig fütterte.

Nachdem nun die durch die unmittelbare Gefahr bedingte Nervenanspannung nachgelassen hatte, wurde sich Waldas erst der Reaktionen bewußt, die die Dunkelheit heraufbeschwor. Es war nun nicht mehr möglich, den Personen, mit denen man sich unterhielt, in die Augen zu blicken, aus ihrem Ausdruck Schlüsse zu ziehen. Beim Sprechen mit jemandem, den man nicht sah, kamen immer Zweifel, ob der andere überhaupt zuhörte, vor allem, wenn dieser nicht sofort antwortete.

Waldas begann zu lernen. Eine Unregelmäßigkeit oder ein anderes Merkmal, das seine Finger am Tag zuvor betastet hatten, war ihm am nächsten bereits vertraut, und er wußte sie einzuordnen. Aber wenn seine Hände oder Füße vorsichtig Neuland berührten, halfen ihm nur Geräusche, sich zu orientieren, oder er mußte einen der Blinden um Hilfe bitten.

Sie waren nun schon den sechsten Tag ohne Licht. Die Temperatur war gesunken, aber das war für die Jahreszeit normal. Die Sonne erwärmte die Atmosphäre also nach wie vor, was bedeutete, daß das Phänomen nicht von kosmischem Umfang war. Irgend jemand zitierte Bibelsprüche, die den Weltuntergang prophezeiten. Ein anderer schloß auf eine mysteriöse Invasion außerirdischer Intelligenzen. Vasco behauptete, daß er auch ohne die Uhrzeiger zu berühren immer noch einen geringen Unterschied zwischen Tag und Nacht zu spüren vermochte. Waldas vermutete, daß das wohl daran lag, daß der Organismus sich eben an den ständigen Wechsel von Wach- und Schlafperioden gewöhnt hatte. Ab und zu kletterte einer die Leiter hoch, die man neben der Tür ans Haus gelehnt hatte, und spähte nach allen Richtungen aus. Hin und wieder erklangen Jubelschreie, wenn der Ausgucker glaubte, irgendwo schwache hellere Flecken zu sehen. Alle tasteten sich mit ausgestreckten Armen aufgeregt zur Tür, manche gerade in die entgegengesetzte Richtung, und stießen gegen Möbel oder Wände und riefen: »Wo seid ihr? Habt ihr etwas gesehen? Was war es? Was war es?« Das geschah jedoch so häufig, daß die Begeisterung bald nachließ, wenn wieder jemand behauptete, einen Lichtschimmer entdeckt zu haben. Trotz allem Spähen und aufgeregtem Diskutieren blieb die Finsternis doch undurchdringlich.

Bald war im Ton der Geretteten, was immer sie auch sagten, die Bitterkeit unüberhörbar. Wenn sie versuchten etwas Lustiges zu erzählen, wischten die Schatten das Lächeln von ihren Lippen und die Munterkeit von ihren Augen. Die Stimmen der Blinden klangen viel optimistischer. Vor allem in Vasco, der sich ganz besonders ihrer annahm, spürte man die Selbstsicherheit und die Leichtigkeit, mit der er alles tat. Gerade diese Männer mit ihren weißen Stöcken und dunklen Brillen, die früher so bescheiden fragten, welcher Bus kam, oder sich langsam von den mitleidigen Blicken der Vorübergehenden zurückzogen, waren nun flink, tüchtig, bewundernswert mit ihren manuellen Fähigkeiten. Sie beantworteten Fragen und führten die Nichtsehenden am Arm mit der Besorgtheit und Genugtuung, nun jene Wohltätigkeit erweisen zu können, die sie früher empfangen hatten. Sie waren geduldig und nachsichtig den Ungeschicklichkeiten der anderen gegenüber. Sie mußten nun die Benachteiligung des Schicksals nicht mehr allein erdulden. Es gab wenig Zeit zur Erholung, aber nach dem Abendessen sangen die Blinden und begleiteten sich auf zwei Gitarren. Waldas spürte eine natürliche Zufriedenheit, ja sogar ein inneres Glück, das seines Erachtens wirklich nicht zu ihrer gegenwärtigen Lage paßte.

Waldas fiel auf, daß die Kinder sich offenbar viel leichter taten als die Erwachsenen. Obwohl die beiden Söhne seines Nachbarns zuerst verängstigt gewesen waren, ermutigte sie doch die ständige Nähe ihrer Gefährten, bis sie schließlich auf Entdeckungen ausgingen, was die Erwachsenen natürlich für sehr gefährlich hielten. Sie bekamen ihre Schelte und sogar ein paar Klapse, die ein paar mitfühlende Seelen zu verhindern suchten.

Zu Waldas Überraschung wurde ihnen die tägliche Routine bald vertraut, sie fanden den Weg zu den Badezimmern und ihren Schlafräumen ohne Schwierigkeiten, und sogar hinunter zum Flußufer. Sie wußten automatisch, wann es Essenszeit war, auch wenn die Mahlzeiten immer weniger schmackhaft wurden — es gab verwelktes Gemüse, Gurken, Tomaten, Paprikas, Haferflokken, Milch, Honig, was aber nicht immer am Geschmack zu erkennen war. Keine Katastrophe, kein von Menschen hervorgerufenes Ungemach könnte ungewöhnlicher oder gefährlicher sein als die gegenwärtige Lage. Brachte die sie umhüllende Finsternis körperliche Unannehmlichkeiten und Probleme, so war das doch nichts, verglichen mit den Gedanken und Überlegungen, die die undurchdringliche Dunkelheit in ihnen weckte. Stand der seit undenklichen

Zeiten prophezeite Weltuntergang bevor? Nur die jedem zugeteilte Arbeit und die alltäglichen Dinge wie essen, waschen, sich an- und auskleiden, halfen die Angst ein wenig in den Hintergrund zu rücken. Viele beteten laut, flehten um ein Wunder.

Ohne die Ablenkung durch optische Eindrücke fiel es schwer, die Minuten oder gar Stunden der Untätigkeit zu ertragen. Jeder widmete sich deshalb mit Feuereifer seinen Aufgaben. Ob die Lage sich wohl je wieder normalisieren würde, oder sie langsam alle sterben mußten? Diese erdrückende Ungewißheit war schlimmer als die Finsternis. Vasco machte sich Sorgen um die Zukunft, aber doch bedeutend weniger als Waldas. Obwohl sie sich in derselben Lage befanden, vermochten sie doch nicht, sie aus der gleichen Sicht zu sehen.

Am sechzehnten Tag nahm Vasco Waldas zur Seite. Er unterrichtete ihn, daß ihre Vorräte an Haferflocken, Trockenmilch und Konserven zur Neige gingen. Da die Nerven der anderen ohnehin zum Zerreißen gespannt waren, schien es ratsamer, sie nicht einzuweihen. Es kam bereits aus den geringsten Anlässen zu Streitigkeiten, die sich schier nicht schlichten lassen wollten. Die meisten waren einem Nervenzusammenbruch nahe.

Am Morgen des achtzehnten Tages weckten sie laute Begeisterungsrufe. Einer der Flüchtlinge, der keinen Schlaf zu finden vermochte, hatte irgendeine Änderung in der Atmosphäre gefühlt. Er war die Leiter hochgeklettert.

Ein blasser rötlicher Ball hing am Himmel.

Sofort kamen alle herausgestürzt — und gestürzt im wahrsten Sinne des Wortes. In ansteckender Euphorie warteten sie auf ein Stärkerwerden des rötlichen Schimmers. Vasco fragte sie, ob tatsächlich etwas zu sehen und es nicht nur wieder ein falscher Alarm sei. Jemand holte ein kostbar gehütetes Streichholz aus der Schachtel, und nach ein paar Versuchen glühte es tatsächlich auf. Zwar war die Flamme schwach und gab keine Hitze ab, aber die ausgehungerten Augen sahen sie doch; für sie war es das Wundersamste, das man sich vorstellen konnte.

Das Licht kam nur ganz langsam zurück, so langsam wie es verschwunden war.

Es war ein herrlicher Tag voll unerwarteter Freude, die wie eine starke Droge wirkte. Sie waren überglücklich und voll guten Willens. Sie fühlten sich wie neugeborene unschuldige Kinder. Sie baten Vasco, im Freien essen zu dürfen, und er schlug es ihnen nicht ab, da der Tagesablauf sich tatsächlich zu normalisieren schien. Die Sonne zog ihre immer gleiche Bahn über den Himmel. Um vier Uhr nachmittags konnte man sogar die Umrisse aus vier Meter Entfernung erkennen.

Nachdem die Sonne untergegangen war, kehrte die völlige Dunkelheit zurück. Sie machten ein Feuer im Hof, aber die Flammen brannten schwach und fast durchsichtig und sengten das Holz nur an, statt es zu verzehren. Immer wieder erlosch es, und immer wieder entzündeten die Flüchtlinge es mit Papierfetzen, und sie bliesen in die Flammen, um dieses Symbol ihrer neuerstandenen Zukunft am Leben zu halten.

Um Mitternacht war es schwer, sie zu überreden, doch ins Bett zu gehen. Nur die Kinder schliefen. Jene, die sich noch im glücklichen Besitz von Streichhölzern befanden, entzündeten in unregelmäßigen Abständen ein Hölzchen und freuten sich, als hätten sie den Stein der Weisen entdeckt.

Um halb fünf hielt es keinen mehr im Bett. Hastig kleideten sie sich an und liefen ins Freie. Noch nie zuvor in der Geschichte der Menschheit war je ein Morgen mit solcher Ungeduld erwartet worden, und das nicht wegen der Schönheit der Farben, der Poesie des Horizonts, der zwischen Wolken, Bergen, den Bäumen und Schmetterlingen in Sicht kam. Wie im Zeitalter des Feuers, als der Mensch die heimische Flamme schützte und anbetete, wurde die Herrlichkeit des Lichts von den Flüchtlingen ersehnt wie von einem Verurteilten, der auf seine Begnadigung wartet. Die Sonne war heute schon heller, und die Augen, die sie nicht mehr gewöhnt waren, blinzelten. Die Blinden hielten ihre Hände in die Strahlen und freuten sich der Wärme. Gesichter wurden erkenntlich und bald mit den dazugehörenden Stimmen identifiziert. Alle lachten und umarmten sich. Ihre Einsamkeit und Unterschiedlichkeit wurde bedeutungslos an diesem wundervollen Morgen. Die Blinden wurden umarmt und geküßt, auf die Schultern gehoben und im

Triumph herumgetragen. Manche weinten, und ihre schon von der lange nicht mehr gewöhnten Sonne geröteten Augen wurden noch röter. Gegen Mittag erreichten die Flammen ihre normale Hitze, und es gab zum erstenmal seit drei Wochen wieder eine heiße Mahlzeit. Den Rest des Tages wurde wenig geschafft. Die Flüchtlinge sahen sich voll Dankbarkeit in den nun lichtüberfluteten Räumen um, durch die sie bisher in der Finsternis getappt waren. Und in der Stadt? Was war mit den Leuten dort? Das war ein sehr ernüchternder Gedanke, und jene, die Verwandte dort hatten, vermochten sich nun nicht mehr unbeschwert zu freuen. Wie viele wohl gestorben waren oder Entsetzliches hatten erdulden müssen? Waldas schlug vor, am nächsten Tag nach dem Rechten zu sehen, und mehrere wollten mit ihm kommen. Man beschloß schließlich, drei zu schicken.

Waldas schlief in dieser Nacht sehr unruhig. Die Aufregungen der vergangenen Wochen begannen sich nun bemerkbar zu machen. Seine Hände zitterten, und er fürchtete sich, ohne daß ihm recht bewußt wurde wovor. Er würde zur Stadt zurückkehren, sein altes Leben wieder aufnehmen, ins Büro gehen, zu seinen Freunden – alles schien ihm so unwirklich, so unsagbar fern. Er, der sich nun schlaflos im Bett wälzte und herumwarf, war ein anderer, nicht mehr der alte Waldas. Ein Lichtschimmer von der Lampe auf den Gang drang durch das Oberlicht, ein Zeichen, daß alles wieder in Ordnung war. In Bruchstücken zog die Erinnerung an seinem geistigen Auge vorbei: ein winselnder Hund; ein heulender Mann auf dem Gehsteig; seine Hand, die das Stemmeisen schwang; Vasco, der ihn durch die Straßen führte; sein Chef, der sich am offenen Fenster mit ihnen unterhielt. Mit all dem vermischten sich Bilder aus seiner Kindheit, bis der Schlaf ihn schließlich umfing und er sich nun im Traum zu wälzen und herumzuwerfen begann.

Die drei Flüchtlinge brachen bei Morgengrauen auf und hielten sich in der Straßenmitte, bis sie zu den Eisenbahnschienen kamen. Einer von ihnen war gegen vierzig, verheiratet und kinderlos. Seine Frau war in ihrem Landhaus zurückgeblieben. Der andere mochte so alt sein wie er, Waldas. Seine Geschwister wohnten in einem anderen Stadtteil. Einer der Blinden hatte ihn gefunden, konnte ihm jedoch nicht den Weg zu ihnen weisen.

Sie kamen um eine Biegung. Die Stadt lag vor ihnen. Nachdem sie die ersten Brücken überquert hatten, kreuzten die Schienen mehrere Straßen. Einer davon folgten sie. Bei den ersten Häuserblocks, zu denen sie kamen, war es sehr still. Nur wenige Leute waren unterwegs, und alle schienen sich sehr langsam zu bewegen. An der nächsten Ecke sahen sie eine Gruppe Männer, die einen mit einer Decke verhüllten Toten zu einem Lastauto trugen. Die Menschen weinten. Ein Armeekraftwagen fuhr an ihnen vorbei, und aus seinen Lautsprechern dröhnte eine Bekanntmachung. Die Regierung hatte den Notstand erklärt; jeder, der beim Plündern erwischt wurde, würde auf der Stelle erschossen werden. Die Regierung hatte alle Lebensmittelvorräte sichergestellt und verteilte sie an die Bedürftigen. Jegliches Privatfahrzeug konnte requiriert werden. Häuser, aus denen der Geruch von Verwesung drang, sollten sofort der Polizei gemeldet werden. Die Toten würden in Massengräbern beerdigt werden müssen.

Waldas hatte kein Bedürfnis danach, zu seiner eigenen Wohnung zurückzukehren. Die Erinnerung an die fragenden Stimmen, als er auf Zehenspitzen davongehuscht war und sie ihrem Schicksal überlassen hatte, nagte noch zu tief an ihm. Er würde sich bei den Behörden erkundigen, ob auch dort Tote gefunden worden waren. Er hatte bereits genug gesehen und wollte nicht länger in der Stadt bleiben. Sein gleichaltriger Gefährte hatte sich mit einem Polizisten unterhalten und sich entschlossen, sofort nach seinen Geschwistern zu sehen. Waldas erkundigte sich, ob die Telefonverbindungen noch funktionierten. Einige der automatischen Leitungen waren noch intakt. Er wählte die Nummer seines Schwagers, und nach kurzem Warten wurde der Hörer abgehoben. Seine Schwester, ihr Mann und ihre Kinder waren Gott sei Dank noch alle am Leben. In ihrem Mietshaus hatte es vier Tote gegeben. Waldas erzählte ihnen in Kürze, wie er gerettet worden war, und fragte sie, ob sie etwas brauchten. Sie dankten ihm, aber sie hatten noch zu essen und befanden sich in bedeutend besserer Verfassung als die meisten.

Auf der Straße unterhielt sich jeder mit jedem und erzählte seine Geschichte. Die Kinder und Kranken hatten am meisten gelitten. Er erfuhr von so manchem herzzerreißenden Los. Hilfsdienste organisierten sich, um sich mit Unterstützung des Militärs der Bedürftigen anzunehmen, die Toten zu begraben und das Leben wieder zu normalisieren. Waldas und sein älterer Gefährte hatten genug erfahren. Sie waren erschöpft, aber es war mehr eine seelische Erschöpfung, verursacht durch alles, was sie gehört und durch die unwahrscheinlichen Dinge, die sie gesehen hatten. So unbegreiflich auch alles schien, es war doch wirklich geschehen, entgegen aller Logik und allen Naturgesetzen.

Die beiden Männer nahmen denselben Weg auf den immer noch leeren Gleisen zurück und schritten langsam unter dem leicht bewölkten Himmel dahin. Eine sanfte Brise raschelte durch die Blätter der grünen Bäume, und Vögel flatterten von Ast zu Ast. Wie hatten sie nur vermocht, die Finsternis zu überleben? All das ging Waldas durch den Kopf, während seine müden Füße ihn dahintrugen. Sein Glauben an die Erkenntnis der Wissenschaften war ins Schwanken gekommen. Im selben Augenblick fütterten durch das Phänomen erschütterte Techniker die Computer, doch mit den Ergebnissen war nicht viel anzufangen; die Diener Gottes predigten in den Kirchen und Tempeln vom Willen des Herrn; Politiker diktierten neue Verordnungen; und Mütter beweinten die Toten der Finsternis.

Zwei erschöpfte Männer stiegen über die Bohlen zwischen den Schienen. Sie brachten Kunde, die vielleicht besser war als erwartet. Die Menschheit hatte überlebt. Sie hatte gegessen, was auch nur leidlich genießbar war, hatte getrunken, was auch nur einigermaßen trinkbar war, und hatte so die drei Wochen der Finsternis überstanden. Waldas und sein Gefährte kehrten traurig und geschwächt zurück und schienen doch voll gedämpfter Freude am Leben zu sein. Viel wichtiger als rationelle Überlegungen war das geheimnisvolle Wunder, daß das Blut durch ihre Adern floß, daß sie leben durften und lieben, daß sie handeln konnten, ihre Muskeln bewegen und lächeln. Aus der Ferne wirkten die beiden kleiner als die geraden Schienen zu ihrer Rechten und Linken.

Ihre Körper paßten sich wieder der täglichen Routine an, wie es die Kräfte und unkontrollierbaren Elemente seit Anbeginn aller Zeit bedingten. Doch während ihre Augen hungrig die Farbenpracht und jegliche Bewegung um sie herum aufnahmen, dachten sie nicht an die mysteriöse Größe des Universums, und auch nicht an das bedauernswerte Los ihrer Brüder, ihrer Retter, für die die Dunkelheit nicht aufgehört hatte.

Über ihnen waren Planeten, Sonnensystem und Galaxien. Sie waren nur zwei Menschen auf einem unbewegten Strang von Schienen, die mit ihren Problemen heimkehrten.

AUF ACHSE

von Damon Knight

Von seinem Ausguck auf dem Fockmast der *Vlakengros* vermochte Akim direkt in den Laderaum des alten Kahns zu blicken, wo ein halbes Dutzend Trogs Kisten aufeinanderstapelten. Ganz in der Nähe standen sein Vater und der Schiffseigner, Hizoor Niarefh, von denen er jedoch nur die Turbane und die glänzenden Schäfte ihrer Lanzen sehen konnte. Die Trogs, schwarz und untersetzt, waren wie unbeholfene Insekten. Akim atmete ungeduldig aus und hob seine Augen zum Horizont. Westlich, über den sanften Hügeln des Festlands, verbarg sich die Sonne hinter purpurnen und goldenen Schleiern. Ein schwacher Küstenwind kräuselte das Wasser. Gen Osten, über dem Meer, war bereits einer der Monde aufgegangen. Es war das Ende seiner Wache. Ein weiterer Tag war vergangen, vergeudet. Nie geschah je etwas auf der *Vlakengros.*

Aus der Ferne erklang gedämpftes Rufen, unter ihm das Getrampel vieler Füße. Die Trogs sprangen über die Reling auf ihre Flöße. Achim wartete. Er bebte vor Ungeduld. Endlich näherte sich eine Gestalt langsam dem Mast und begann ihn geruhsam hochzuklettern.

Es war sein Bruder Ogo, der Pickel im Gesicht hatte und nie lächelte. »Schwein«, fauchte Akim ihm entgegen. Er schwang sich über den Ausguckkorb, ohne zu warten, bis Ogo hereingestiegen war. Seine Zehen berührten die Strickleiter und er begann nach unten zu klettern. Ogos dunkler Kopf tauchte über ihm auf. »Qualle!« zischte Akim und drohte ihm mit der Faust.

Das Deck vibrierte unter seinen Füßen, als er sich nach Backbord begab. Die Hilfsmotoren dröhnten. Sie hatten also bereits Fahrt aufgenommen. Essensgeruch drang aus der Kombüse. Akim lief die Kajütentreppe hinab, grabschte ein Stück Fleisch vom Tisch und rannte damit davon, verfolgt von den Flüchen der Köche. Mit vollem Mund kauend erreichte er seine Kajüte und verriegelte die Tür hinter sich. Er warf seine Feuerlanze zielsicher in den Ständer, nahm Turban und Kaftan ab und ließ sich auf den Stuhl vor den Bildschirm fallen.

Endlich!

Er erinnerte sich genau, wo er unterbrochen hatte, aber er drückte auf die Rückspultaste, lauschte einen Augenblick dem Surren, ehe er die Abspieltaste einrasten ließ. Die Scheibe leuchtete auf. Da war er, Edward Robinson, und er öffnete gerade die Tür am Ende der langen Halle. Immer noch kauend, machte es sich Akim auf dem Stuhl etwas bequemer, nahm jedoch auch nicht den Bruchteil einer Sekunde die Augen vom Bildschirm. Der Raum war groß, aber in eine Anzahl von schmalen Milchglaskabinen geteilt. In einer dieser Kabinen saß ein junges Mädchen in einem weiß-rosa gemusterten Rock und blickte durch die kleine Öffnung. Über ihre glänzenden braunen Haare hatte sie Kopfhörer gestülpt. Sie blickte Robinson mit müder Gleichgültigkeit entgegen. »Kann ich Ihnen helfen?« fragte sie.

Er schritt näher an die Zelle heran, die schmalen Schultern gestrafft. Er nahm ein zusammengefaltetes Papier aus seiner Rocktasche und legte es ausgebreitet auf den Schalter. »Das Arbeitsamt schickt mich.«

»Schön. Füllen Sie das aus.« Sie schob ihm eine Karte zu. An der Wand rechts von ihm saßen drei junge Männer auf Hockern. Einer kaute an seinem Bleistift, die Stirn in Falten. Robinson setzte sich ebenfalls und begann die Karte auszufüllen. Name, Adresse, Geschlecht, Alter, Rasse (mit einem dicken schwarzen Stift durchgestrichen), Ausbildung, bisherige Beschäftigung (mit Angabe der drei letzten Arbeitsstellen, Datum, Berufsbeschreibung und Kündigungs- oder Entlassungsgrund). Robinson füllte die Rubrik »Ausbildung«, das Datum und Kündigungsgrund seiner letzten Arbeitsstelle aus. Während er noch dabei war, wurde einer der drei jungen Männer aufgerufen. Er schritt den Korridor zwischen den Glaskästen entlang und verschwand außer Sicht. Robinson beantwortete den Rest der Fragen und gab die Karte bei dem Mädchen an der Glaszelle ab, das sich gerade die Nägel manikürte. Irgendwo klapperte eine Schreibmaschine. Der zweite junge Mann wurde gerufen. Robinson blickte sich um und entdeckte eine *Time* auf dem Tischchen neben sich. Er nahm sie und las einen Artikel über den Industriemagnaten Eric Woolmason, der im Alter von einundvierzig Jahren der Alleinherrscher der Pacific Northwest Company war. Der dritte junge Mann erhob sich plötzlich und zerknüllte seine Karte. Ein tiefes Rot färbte sein Gesicht. Er warf einen verstohlenen Blick auf Robinson, dann schritt er schnell zur Tür. Das Mädchen am Schalter verzog das Gesicht zu einem schiefen Lächeln.

»Goodbye«, murmelte sie.

Robinson begann die Inserate auf der Rückseite der Zeitschrift zu studieren. Er dachte nicht an das bevorstehende Interview, trotzdem pochte sein Herz aufgeregt, und seine Handflächen waren feucht. Schließlich rief das Mädchen: »Mr. Robinson.« Er stand auf. Sie deutete mit dem Bleistift. »Geradeaus«, sagte sie, »bis zum Ende des Gangs.«

»Alle Mann an Deck! Alle Mann an Deck!« Mit einem Ruck fuhr er hoch. Sein Herz raste wild. Die Kabine war, vom Leuchten des Bildschirms abgesehen, dunkel. Die Kommandostimme dröhnte fort: »Alle Mann auf Posten! Alle Mann!«

Akim stolperte vollkommen verwirrt vom Stuhl. Irgendwie gelang es ihm, in seinen Kaftan zu schlüpfen. Er ergriff die Feuerlanze. Wo war bloß der Turban? Auf dem Schirm wanderte ein winziger Robinson zwischen den Milchglaszellen hindurch. Verärgert schaltete Akim ab und schlurfte aus der Kabine.

Auf Deck flackerten Suchlichter und Feuerlanzen in der tiefen Dunkelheit im Wind. Irgend etwas fiel auf die Planken, schnappend und quietschend. Ein halbnackter Matrose rann darauf zu und hieb mit einer Axt darauf ein. Akim beeilte sich. Er sah, daß das Fockmars bereits überlastet war. Drei Lanzen spien dort oben. Ein weiterer schriller Schrei kam aus der Luft, eine kurze

Pause folgte, danach ein Aufprall in der Nähe des Bugs. Er rannte zum Achterdeck und reihte sich zwischen seinem Bruder Emmuz und Hudny, dem Vetter seines Onkels, ein. Ein Suchlicht am Bug leuchtete wie ein Knochenfinger den Himmel ab. Ganz kurz entdeckte es etwas, verlor es aber gleich wieder. Der Strahl suchte erneut, bis er das Etwas erfaßt hatte. Ein halbes Dutzend Lanzenflammen zischten drauf los. Es fiel und zog öligen Rauch nach sich. Weitere Schreie und Aufplatschen auf dem Wasser. Von Steuerbord erklangen hastende Schritte, Flüche, Gebrüll. Etwas zappelte in den Fockmarswanten. Eine Stimme kreischte: »Nicht schießen, du Narr! Den Mast hinauf! Hackt es los!«

Etwas vom Leuchtstrahl erfaßt durch die Dunkelheit. Akim ging in Kauerstellung, hob seine Lanze und feuerte. Die Flamme beleuchtete einen furchterregenden Schädel mit scharfen Hauern, einen rodigen, haarlosen Rumpf und lederartige Schwingen. Ein schriller Schrei, ein abscheulicher Gestank, und das Ding schlug hinter ihm auf wie ein nasser Mehlsack. Jemand gab ihm mit der Axt den Rest.

Der Lärm erstarb. Die Suchlichter schwangen weiter durch die Dunkelheit. Nach einer Weile erfaßte einer ein weiteres der rosigen Ungetüme, aber die Entfernung war zu groß, und die Lanzenflammen trafen es nicht.

»Sonst noch welche?« bellte eine Stimme vom Vorderdeck.

»Nein, Euer Gnaden«, antwortete jemand vom Fockmars.

»Gut. Sichern!«

Mißvergnügt beobachtete Akim, wie die Matrosen die Kadaver über die Reling beförderten. Schweine waren in diesen Breiten die einzige Ablenkung. Früher einmal, so behauptete man jedenfalls, dauerte der Angriff tagelang, und die Bestien mußten mit Musketen und Säbeln niedergemacht werden. Aber heutzutage war zehn Minuten nach dem Alarm bereits alles wieder vorbei. Ein paar Mann wuschen das Blut mit Seewasser weg, der Rest zog sich in die Kabinen und Mannschaftsräume zurück.

Gähnend machte Akim sich auf den Weg zu seiner Kabine. Er war müde, hatte aber keine Lust, schon zu schlafen. Vielleicht war er hungrig? Er überlegte, ob er vielleicht der Kombüse einen weiteren Besuch abstatten sollte, war jedoch zu bequem dazu. Seufzend setzte er sich erneut vor den Betrachter und schaltete ihn ein.

Robinson betrat gerade steif wie eine Marionette ein riesiges Büro, das mit Schreibtischen, Aktenschränken und Büromaschinen überfüllt war. Ein korpulenter dunkelhaariger Mann mit schwarzer Brillenfassung wartete auf ihn. »Robinson? Ich bin Mr. Beverly.« An anderen Schreibtischen blickten ein paar Angestellte auf, alle bleich, keiner lächelte. Beverly reichte Robinson eine schwitzende Hand und deutete auf einen Stuhl. Robinson setzte sich und versuchte selbstbewußt dreinzuschauen. Beverly studierte die Karte in seiner Hand. »Noch wenig Erfahrung in diesem Fach«, stellte er fest. »Glauben Sie, Sie könnten es schaffen?«

»Ich glaube – ja, ich glaube schon«, stotterte Robinson. Er begann die Beine zu kreuzen, überlegte es sich jedoch wieder anders.

Beverly nickte und spitzte die Lippen. Er griff nach einer Illustrierten auf seinem Schreibtisch und rückte sie näher. »Ist sie Ihnen bekannt?«

Auf der Titelseite war eine Frau im Tramp-Look abgebildet, die an einer Zigarette zog. Darüber stand in Versalien: *RAUCHT ZEHN STOGIES AM TAG.*

»Ja, ich hab sie schon gesehen«, erwiderte Robinson. Er überlegte, was er noch sagen könnte. »Das ist doch die Art Zeitschriften, wie man sie in den Wartezimmern findet, nicht wahr?«

Wieder nickte Beverly, langsam diesmal. Sein Ausdruck änderte sich nicht. Robinson legte die Beine über Kreuz. »Für diesen Job«, erklärte Beverly, »müßten Sie Bilder wie dieses aus einem reichen Angebot aussuchen.« Er deutete auf den Schreibtisch neben seinem. Er war über und über mit unordentlichen Haufen von Fotografien bedeckt. »Glauben Sie, Sie können es?«

Robinson starrte auf die oberste Fotografie, die eine junge Frau, offensichtlich in einem Zirkuskostüm, zeigte. Er sah die dicke Puderschicht auf ihren Wangen und Tropfen von Maskara an den Spitzen ihrer Wimpern. »Sicher«, sagte er. »Ich meine, ich glaub schon, daß ich es kann.«

»Mhm. Okay, Robinson. Danke, daß Sie sich vorgestellt haben.

Wir werden Ihnen Bescheid geben. Bitte gehen Sie doch durch diese Tür.« Er gab Robinson erneut seine schwitzende Hand.

Robinson marschierte zum Lift. Er wußte, er würde diese Stellung nicht bekommen, und selbst wenn, würde sie ihm keinen Spaß machen. Auf der Straße wandte er sich nach Westen und schritt durch einen Ansturm von stur vor sich hinstarrenden Augen und gummikauenden Gesichtern. Ein Taxi fuhr über einen klappernden Kanaldeckel. Dampf stieg aus einem Schacht. Die Welt war wie ein Puzzlespiel, von dem die Hälfte der Steinchen fehlten. Was war der Zweck all dieser schmutziggrauen Häuser, dieses rußigen Himmels?

In seinem Zimmer briet er sich ein paar Spiegeleier mit Speck und aß sie, während er die *Daily News* las und das Radio auf Zimmerlautstärke gedreht hatte. Dann bereitete er sich noch eine Tasse Pulverkaffee und machte es sich in seinem Sessel in der Ecke bequem.

Auf dem Tischchen neben ihm lag ein Taschenbuch.

Das Titelbild zeigte einen halbnackten jungen Mann mit roter Haut, dessen geschmeidige Muskeln weit hervortraten, als er mit einem Krummschwert einen fliegenden Keiler niederstreckte. Eine bildschöne Maid in metallenem Harnisch kauerte hinter ihm. In einiger Entfernung blähten sich die Segel eines Schiffes im Wind. Robinson fand die Seite, bis zu der er gekommen war, und begann weiterzulesen.

Mitten in der Nacht (las er), erwachte der junge Matrose plötzlich.

Er war auf seinem Stuhl eingeschlafen, seine Beine waren verkrampft, und sein Hals steif. Er erhob sich und schritt hin und her, so weit es seine winzige Kabine erlaubte. Aber das genügte ihm nicht. Er ging hinaus auf den Gang. Das Schiff war dunkel, und alles ruhig. Er stieg die Kajütentreppe hoch und kam auf dem mondhellen Deck heraus. Hoch auf dem Fockmars leuchtete kurz eine rote Glut auf, als die Wache im Ausguckkorb sich die Pfeife anzündete. Das müßte Rilloj, sein Vetter zweiten Grades sein, ein kräftiger Kerl mit buschigen schwarzen Augenbrauen, der das gleiche Ochsengesicht hatte wie sein Vater und sein Onkel Zanid und all die anderen. Auf dem ganzen Schiff gab es keinen einzigen, mit dem er sich unterhalten konnte, der ihn wirklich verstand.

Er preßte die Arme überkreuzt auf seine Brust, um sich warmzuhalten, und schritt hinüber zur Leereling. Ein paar Sterne funkelten am Himmel. Irgendwo dort oben, unerreichbar für ihn, mußte es wundersame Welten geben, Welten, wo man wirklich *leben* konnte. Riesige Städte voll Menschen, fremdartige Maschinen und uraltes Wissen.

Und er war Akim, siebzehn Jahre alt, ein Matrose auf der *Vlakengros.* Als er sich umdrehte, war ihm einen Augenblick schwindlig. Die Welt schien einen Riß zu bekommen, und durch einen Spalt drang ein grauer Schimmer. Dann war alles wieder wie vorher, aber der kurze Blick hatte ihm entsetzliche Angst eingejagt.

Was hatte diesen Riß verursacht?

Mit weichen Knien setzte er sich auf den Stuhl vor dem Bildschirm. Zwar würde er es in ein paar Stunden bereuen, wenn er die Wache ablösen mußte, aber was hatte er sonst schon vom Leben? Er schaltete den Betrachter ein. Da saß Robinson in seinem weichen Sessel und las. Eine Zigarette im Aschenbecher neben ihm war unbemerkt zu Asche verbrannt. Die Zeiger des Weckers standen auf halb drei Uhr. Es war der dunkle Wendepunkt der Nacht, wenn die Augen trocken sind und das Blut dünn durch die Adern fließt. Robinson gähnte, las noch eine Zeile ohne großes Interesse, dann klappte er das Buch zu und warf es auf den Tisch. Erst jetzt spürte er, wie müde er wirklich war. Er schaltete den Bildschirm ab, klappte das Wandbett herunter und schlüpfte aus dem Morgenrock. Unterwegs zum Badezimmer, knöpfte er sein Hemd auf. Er putzte sich die Zähne, zog den Wecker auf (stellte ihn jedoch nicht), zog sich aus und legte sich ins Bett. Vorher jedoch versicherte er sich noch, daß die Tür verschlossen war. Während er auf den Schlaf wartete, verschmolzen irgendwie die Geschehnisse des vergangenen Tages mit dem Inhalt des Buchs, das er gelesen hatte. Morgen würden sie im nächsten Hafen einlaufen, dann konnte er sich seine Arbeitslosenunterstützung abholen.

Vielleicht würde er sogar einen Job finden. Das Schiff durchschnitt sanft die Wellen. Durch den Spalt, wo die Jalousie nicht ganz schloß, blinkten die Neonreklamen, rot-blau, rot-grün, rot-blau. Gute Nacht, gute Nacht. Schlaf gut, und hüte dich vor den fliegenden Seeschweinen.

MISS OMEGA RABE

von Naomi Mitchison

Die anderen waren immer flink, immer schneller als ich. Lag es an dem, was sie mit uns gemacht hatten, als wir noch klein waren, als sie uns aus unseren Nestern nahmen, noch ehe unsere Federn richtig zu sprießen begannen, als sie uns dieses andere Futter einflößten und uns zum Schlafen brachten und die winzigen Drähte an unseren Köpfen anschlossen, daß wir vorwärts und rückwärts zu schauen vermochten? Wir wurden anders. Und ich glaub, ich unterschied mich von allen am meisten. Wir wußten, was vor uns war, und wie wir dazukommen konnten. Wir wußten es nicht tief in unserem Innern, wo wir keine Wahl haben, wie beispielsweise in unseren Hälsen und Flügeln das Benehmen während des Paarungsflugs, wenn alles nur *Jetzt* ist. Nein, wir wußten es mit jenem Teil unseres Ichs, der Entscheidungen treffen kann. Denken, nannten sie es, sich erinnern, vorausschauen. Ich war die letzte, die aus dem Ei schlüpfte, noch naß und kraftlos. Schwache Piepstöne kamen aus meinem Schnabel, und kleinere Stücke Eierschale klebten noch an mir. Ich hatte meine Mutter nicht gesehen. Aber als ich die Augen öffnete, sah ich ihn, den Gottmenschen mit dem besonderen Futter. Er nahm ihre Stelle ein. Ich mußte ihm folgen, tun, was er tat, werden, wie er war. Was sonst? Doch dadurch veränderte ich mich noch mehr. Sie brachten uns in einer dunklen Kiste weit weg und ließen uns fliegen. Inzwischen waren unsere Flügel gewachsen. Wir spürten einen Trieb in uns, wußten jedoch nicht wonach.

Als wir flogen, waren wir an einem anderen Ort, in freiem Gelände mit vereinzelten Felsen und Bäumen, aber dort gab es keine von Menschenhand geschaffenen Mauern. Aber im Innern wußten wir es. Wir kannten die Art und Weise, wußten wie wir leben würden. Das Futter. Und unsere Partner. Oh, es war wunderschön. Ich spürte es mit dem tiefen Innern, das keine Wahl hat. Ich wußte, das war mein Verlangen. Ich mußte mir einen Partner sichern; den schönsten, den besten, den mit dem glänzendsten schwarzen Gefieder, mit den schärfsten Augen. Wir würden zusammen durch die Luft tanzen. Dafür waren unsere Flügel. Wir vergaßen die Menschen, die uns aufgezogen hatten. Wir vergaßen vorwärts- und zurückzublicken. Aber vielleicht vergaß ich es nicht ganz. Vielleicht ging es deshalb schief.

Ich strebte nicht sofort in die Luft, gurrend und übersprudelnd, um den obersten Raben zu erobern, den Raben der Raben, Alpha Corax. Meine Federschopf benötigte zu lange, sich einladend aufzustellen, ihn anzuziehen, ihn dazu zu bringen, seinen Hals über meinen zu legen. Andere waren schneller, meine verhaßten Schwestern, die sich aufplusterten, lockten, gurrten. Und die Männchen reagierten darauf ebenso lockend und gurrend, mit der gleichen Erregung und Entspannung, und auch ihre Federn plusterten sich auf, und ihre Schnäbel klickten. Bereits jetzt stand fest, wer der oberste war, wer wen packen konnte, auch wenn es uns weiblichen Neulingen noch nicht klar geworden war. Noch nicht einmal während des Paarungstanzes, wenn die Luft trunken macht und zu immer höheren Freudenflügen anregt, wenn man blitzschnell in die Tiefe tauchen kann, und der Wind die Federn aufpludert, oder sogar wenn der Gefährte sich auf den Rücken dreht und mit ausgestreckten, flatternden Flügeln einlädt und doch gleichzeitig mit Schnabel und Klauen warnt. Ein Paar nach dem anderen begann den herrlichen Tanz. Doch ich – ich? Bestimmt war doch ich es nicht, die übriggeblieben war! Und doch war es so. Ich und noch eine andere hatten keinen Gefährten abbekommen. Vielleicht hatte es von vorneherein zwei Weibchen mehr gegeben? Oder zwei der Männchen waren während der Aufzucht eingegangen? Sie, die andere partnerlose, war noch hassenswerter als die Zweisamen. Jede von ihnen war nun gleich ranghoch wie ihr Männchen, und sie würden diese Stellung bis zum Ende ihres

Lebens behalten. Wir Raben blieben unserem Partner treu bis zum Tod.

So stand nun also die Rangfolge fest. Wer wem befahl und von wem er Befehle entgegennehmen mußte. Wer wen zur Strafe hackte und von wem gehackt wurde. Mit den Männchen war es natürlich nicht anders. Nur der schönste, der tapferste, der oberste Rabe, Alpha Corax, teilte Befehle aus. Niemand pieckte ihn. Er leitete die Schar zum Jagen und zum Ausruhen. Er hielt Wacht und warnte vor Feinden. Manchmal griff er auch an. Sein Schnabel war der schärfste.

Doch ich war die niedrigste der niedrigen. Sie — die andere partnerlose — hackte auf mir herum, und ich mußte es hinnehmen, mußte ihr das Futter überlassen, ohne zurückhacken zu dürfen. All das sagte mir mein tiefes Inneres. Ich konnte nichts gegen mein Geschick tun. Es gab keinen Ausweg. Aber ich war wütend, und diese Wut in mir steckte in dem anderen Teil meines Ichs und brachte mich dazu, Pläne zu schmieden. Dieser Teil in mir sah eine Zukunft voraus, in der niemand auf mir herumhackte. Ich wußte, daß ich immer häßlicher wurde. Meine Federn waren zerrupft. Ich war dürr, denn immer bekam ich nur die Überbleibsel, ob es sich nun um Fleisch, Eier oder das seltenere Getreide- oder Nußfutter handelte. Kein Wunder, schließlich war ich die einzige, auf der nur herumgehackt wurde, und die nicht zurückhakken durfte. Hatte der Gottmensch das so gewollt? Wenn er mich nicht anders gemacht hätte, wäre ich nie in der Lage gewesen, über mein Geschick nachzudenken.

So ging das Leben weiter. Der Wunderschöne wachte und führte uns zum Futter, seine Gefährtin tat dasselbe. Sie sah mit seinen Augen. Auch sie führte die Schar an, in der ich die letzte war. In mir teilten sich zwei Gewißheiten: in meinem tiefen Innern — daß es so war, wie es sein mußte; und in meinem denkenden Teil — daß es nicht immer so bleiben würde, daß es eine Alternative geben würde und einen Plan. Aber die Alternative kam nicht. Die Paare bauten ihre Nester, wunderschöne Nester, um die ich sie beneidete, aus Heidekraut und Gräsern und Erde und kleinen Stöckchen, und statteten sie weich mit Flaumfedern aus, bereit, die Eier aufzunehmen. Einmal versuchte ich, mich in eines der Nester zu hocken, aber ich wurde hinausgejagt, und der Schmerz und die Wut nagten an mir. Ich versuchte mich den Flügen anzuschließen. Ich versuchte zu gurren und die Männchen anzulocken, aber sie beachteten mich gar nicht, für sie gab es nur ihre eigenen Gefährtinnen. Auch sie waren von den Gottmenschen aufgezogen worden, aber sie wußten es nicht mehr. Nur ich allein konnte es nicht vergessen.

Dann schlüpften die Jungen aus den Eiern, sie wurden gefüttert, und eine allgemeine Geschäftigkeit herrschte. Die anderen warfen hin und wieder Blicke auf mich. Sie wußten, was mir fehlte. Ich war es, die man von dem toten Lamm vertrieb, von dem wir uns ernährten. Ich war es, die sah, wie die Gottmenschen uns einkreisten. Warum sie es taten, wußte ich nicht, aber sie hatten sicherlich keine bösen Absichten. Es waren nicht sie, die mich hungern ließen. Sie sprachen miteinander, zumindest nahm ich es an. Ich sah auch, daß sie einige der Nestlinge nahmen, während sie andere mit ihrer Art Nahrung fütterten. Die Mütter waren eine kurze Zeit beunruhigt, aber keiner von uns hatte das Gefühl, daß die Gottmenschen Feinde waren. Sie waren nur viel mächtiger als wir, viel höher noch als die Alphas. Sie hatten das Recht, Befehle zu erteilen und auf uns herumzuhacken soviel sie wollten, und wir mußten es erdulden. Aber weil sie uns auch gefüttert hatten, taten sie es nicht. Sie brauchten es nicht. Der, den meine Nestlingsaugen als erstes gesehen hatten, war auch da. Er betrachtete meinen ausgemergelten Körper. Er brachte mir Nahrung, nicht ihre Art von Futter, sondern gutes rohes Fleisch. Er gab mir Brocken davon, und ich versuchte sie gierig zu verschlingen, ehe die andere Partnerlose es entdeckte und mich vertrieb. Aber sie kam, und ihr schwarzer Schnabel hackte auf mich ein. Federn flogen. Das tiefe Innere ließ mich zusammenzucken und die Schmach schicksalsergeben hinnehmen. Aber der eine, den ich nicht vergessen hatte, der Gottmensch war wiedergekommen, und es war Fleisch, das er mir gebracht hatte. Er vermittelte mir die Erinnerung, daß ich selbst entscheiden konnte. Und gleich darauf war sie es, die gehackt wurde, gehackt von mir. Und wie ihre Federn flogen! Es war unmöglich, und doch hatte ich es möglich gemacht.

Einmal gehackt, nahm sie es hin. Das war die erste Lektion. Für uns beide. Ich haßte sie. Ich vermochte einfach nicht aufzuhören, auf sie einzuhacken. Selbst als der Gottmensch mich hochhob, damit sie davonhüpfen und schließlich hochflattern konnte, fiel es schwer, mich zu beherrschen. Durch das vergebliche Aufbäumen meiner Flügel, die er hielt, und meines Körpers spürte ich seine Hände und seine Gedanken, die sich mit mir beschäftigten. Mein Schnabel wollte hacken, meine Krallen kratzen. Mein Schnabel öffnete sich, doch ich brachte es nicht fertig, auf ihn loszuhacken. Er war meine Mutter; er war der, den meine Augen als erstes gesehen hatten. Er hielt mich, aber ich erkannte, daß auch ich ihn hielt.

Dann gab es wieder ein reiches Schmausen. Eine Kuh hatte gekalbt. Als sie mit ihrem Neugeborenen abzog, ließ sie, was sonst noch rot und naß aus ihr gekommen war, im Gras zurück. Das war für uns. Und nun hatte ich eine, auf die ich einhacken, die ich verjagen konnte, wenn sie mir zu nahe kam, und jene, die zuvor auf ihr herumgehackt hatte, brauchte eine Weile, sich umzustellen und sich nun mich vorzunehmen. Die alte Reihenfolge war festgelegt. Doch weil auch sie von den Gottmenschen aufgezogen und ein wenig verändert worden war und die Wahl hatte, begann sie zu erkennen, daß ich den Rang der anderen eingenommen hatte, aber deshalb hatte sie auch Bedenken, ob ich mich zufriedengäbe. Manchmal war ihr Hacken nur ganz schwach, und ich wehrte mich auch nicht sofort, nicht solange ihre Jungen und ihr Gefährte in der Nähe waren.

Die Blätter der großen Mistbäume waren gewachsen, hatten sich ausgebreitet, waren zu einem grünen, schattigen Laubdach geworden. Dann begannen sie sich zu verfärben, bis der Wind sie schließlich braun und verwelkt durch die Luft wirbelte, ehe er sie nutzlos zu Boden sinken ließ. Die Jungen begannen zu fliegen. Aber aus jedem Nest hatten die Gottmenschen ohne viel Aufhebens eines genommen. Ich beobachtete sie, aber die Mütter paßten nicht immer auf. Sie und ihre Lebenspartner flatterten suchend herum, riefen nach ihren Jungen, obwohl sie alle in ihrem offenen Ich wußten, das vorwärts- und zurückzublicken vermochte, daß die Gottmenschen ein Recht hatten, die Jungen zu nehmen, und daß es so das beste für alle war.

Und nun brach die kalte Jahreszeit ein und wir verteilten uns. Nur die Paare blieben zusammen. Im Winter gab es wenig Futter und weniger Tageslicht, danach zu suchen. Ich begann zurückzuhacken auf die über mir. Ihr Gefährte hielt sich unsicher heraus, aber es war nicht er, der mich interessierte. Ich wollte keinen Partner, dazu war es nicht die richtige Jahreszeit. Ich wollte nur an die Spitze. Bald würde ich ihren Platz einnehmen, aber das war nicht genug. Wie ging es weiter?

Der Gottmensch kam. Meiner. War er der oberste Gottmensch oder waren sie alle ganz oben? Sie schienen sich gegenseitig nichts anzutun. Aber vielleicht taten sie es doch auf irgendeine Art, die uns Raben nur verborgen blieb? Wer weiß! Es hatte keinen Zweck zu fragen, selbst wenn man wüßte wie oder was man fragen konnte. Was ist fragen überhaupt? So ging es weiter. Doch eines Tages verschwand der Gottmensch, und mit ihm in einem Käfig die Gefährtin des obersten Raben Alpha Corax. Wo hatte er sie hingebracht? Wir wußten nicht, was wir davon halten sollten, aber alle waren bestürzt. Sie war es gewesen, die mit ihm die Futterflüge angeführt hatte. Er war so an ihre ständige Gegenwart gewöhnt. Er rief, aber sie war nicht da. Er lockte und gurrte, versuchte es selbst mit dem Paarungsruf, aber sie antwortete nicht. Doch wir alle, alle Weibchen, spürten im tiefen Innern etwas, das antworten wollte, obwohl es zu früh für die Paarungszeit war. Überall herrschte Aufregung und ein Geraschel. Die Federn plusterten sich auf und die Weibchen stolzierten durch das Geäst. Und dann blickte mein Gottmensch mich an, und auch er stieß den Paarungsruf aus und hob wie flatternd seine Arme. Er war ich. Er hatte mich aus dem Nest geholt und mich so verändert, daß ich nicht mehr an die alten Regeln gebunden war. Plötzlich war ich es, die Alpha Corax antwortete, ich war es, die mit ihm flog, mit ihm an der Spitze war. Ich war das gleiche wie mein Gottmensch, mein Obergott.

Nun war er mein. Er, Alpha Corax, der oberste Vogel, der Schönste, der Rabe aller Raben. Zur Paarungszeit würden wir gemeinsam in der Luft tanzen und gemeinsam unser Nest bauen. Doch schon heute bemerkte er mich, erkannte er mich an. Schon heute war ich Alpha. Ich konnte auf die unter mir einhacken und keine durfte sich mit mir anlegen. Ich würde schön werden und mein Gefieder glatt und glänzend sein. Ich würde die blutigsten, schmackhaftesten Bissen reißen und verschlingen. Ich würde das beste und sicherste Nest haben, kein schwankendes am Ende eines Asts.

All dies geschah. Es widerfuhr mir. Nun bin ich für immer mit Alpha Corax gepaart. Sicher, anfangs gab es noch jene, die sich darüber aufregten, sich auflehnten, sich nicht damit abfinden wollten, daß ich nicht mehr die Gehackte, Omega Rabe war. Und natürlich versuchten einige, sich mit mir anzulegen. Wie ich zurückhackte! Wie die Federn flogen! Und das Blut spritzte! Denn ich erinnerte mich des anderen Futters und der winzigen Drähte, die mich zu mehr machten. Ich erinnerte mich des Gottmenschen, der mich zur obersten Pickerin gemacht hatte, der mich dazu gebracht hatte, die Regeln zu brechen. Mein Gottmensch, oberster Gott. Gottmensch und ich.

DER POET IM HOLOGRAMM

von Ed Bryant

COMPUTER LEITTEXT:
MILIEU – DER POET IN SEINEM SESSEL
EFFEKTE: NORMAL – H-WERT-VERZERRUNG – 2 PROZENT
DUFTSIMULATOR: FRIEDHOFERDE, REGENGETRÄNKT
ZUGABE VON 100 MIKROGRAMM ETK-10 IN WEIN

Einblendung

Ausweglosigkeit. Bang goß Ransom den letzten Schluck Wein in sich hinein.

Rubinrot fließend, schwerer als Blut

Er lächelte kläglich. Nein, das war nicht gut; die Wahl der Worte war zu seicht, die Metapher zu abgedroschen. Aber, fürchtete er, war das nicht allzu typisch für seine letzten Werke? Ransom warf die Weinflasche über seine rechte Schulter. Der unzerbrechliche Behälter sprang wie ein Gummiball über den Boden

Beklaget sie, die Unvergänglichkeit des Plastiks
Das beständiger ist als die steinerne Gruft

Der Mann im Sessel schnitt eine Grimasse und rülpste. Besser. Er blickte auf den Gegenstand auf dem Eßtisch und verzog sein Gesicht zu einem breiten Grinsen.

Das Ding war echt, genau wie der Strauß blauer Blumen in der Vase daneben. Das meiste andere war unecht. Der Tisch Nußbaumplastik, die dunkel gemaserte Wandtäfelung ebenfalls aus Kunststoff.

Ransom erhob sich und starrte zum Fenster hinaus und die hundert Stockwerk hinunter auf Greater Ellay. Es war natürlich kein echtes Fenster – seine Zimmer befanden sich tief im Innern des fast labyrinthähnlichen Apartmentblocks –, es war ein elektronischer Bildschirm. Früher, davon abgesehen, daß er auch damals schon einen Blick auf die Außenwelt gestattete, bot er eine Auswahl von mehr als achtzig Fernsehprogrammen. Damals, als das Fernsehen noch das Hauptunterhaltungsmedium war.

Das Fenster, das kein Fenster war, konnte nicht geöffnet werden. Selbst wenn es tatsächlich ein Fenster wäre, würde es doch ständig geschlossen bleiben. In der Höhe von Ransoms Stockwerk konnte niemand die verpestete Luft atmen; schaufeln vielleicht, aber nicht einatmen. Ransoms Wohnung wurde durch Rohrleitungen mit Luft versorgt – Luft, die erst gefiltert wurde, gereinigt, sterilisiert, dann mit Sauerstoff angereichert, ionisiert, mit dem richtigen Feuchtigkeitsgehalt versehen und geheizt; außerdem wurde ihre Krebserregerfreiheit garantiert. Sie war genau auf Ransoms Lungenbläschen abgestimmt.

Ransom runzelte die Stirn über die merklichen Schwankungen seiner Umgebung.

Zu viel Wein, dachte er. *Zu viel für einen klaren Kopf und zu wenig für den Mut, den ich brauche.* Er erhob sich, um zum Tisch hinüberzugehen und merkte, daß er taumelte. *Aber genügend, um zu handeln.*

Er blickte auf sein gefährliches und ungesetzliches Spielzeug. Dann hob er das Kinn und runzelte die Nase. Seine Nasenflügel nahmen den kaum wahrnehmbaren Geruch auf, der zwar undefinierbar, aber doch beunruhigend suggestiv war. Dunkel. Feucht. Kühl. Die schwache Süße von Fäulnis.

Zwanzig Jahre war sie alt, die Erinnerung. Schwarze Schleier, schwarze Kleidung, die so sehr von der marmornen Blässe des Gesichts abstach. Die Züge seines Vaters wächsern und tot. Es hatte geregnet an jenem Morgen, und die Erde hatte die Feuchtigkeit aufgesogen wie ein Schwamm. Das war damals, als noch Gräber geschaufelt werden durften; ehe das neue Landgesetz die Friedhöfe schloß, und die sterblichen Überreste dem Krematorium übergab. Der Staub seines Vaters Überreste wurde vermutlich bereits aus der Luft ausgeschieden, die in sein Zimmer strömte.

Der Poet sog die Luft ein, und noch einmal.

den Leichengeruch meines eigenen Begräbnisses

Er nahm die Bombe vom Tisch. Fast kindlich verwundert über die gewaltige Vernichtungskraft, die er mit einer Hand zu halten vermochte, grinste Ransom erneut.

Schnitt

Zwei Beobachter im Parkett. Zuschauerbeteiligungsermittler war ihre offizielle Bezeichnung. Amelia Marchin, aus nur ihr bekannten Gründen, nannte sie »Neilsons«. Man nahm an, daß es irgendeine geheime Bedeutung haben mußte. Immerhin verfügte Amelia über ein erstaunlich esoterisches Wissen in ihrem Fachgebiet.

Die beiden ZBEs beobachteten wie der Akteur von einer Illusion in die andere glitt.

»Das ist einfach zu melodramatisch«, brummte der größere, und sprach ganz leise, daß die anderen es nicht hören konnten, etwas in seinen Recorder.

»Da muß ich widersprechen«, protestierte der zweite ZBE, der kleinere der beiden. »Ich finde, ganz im Gegenteil, daß diese Art von Aufführung die höchste Kunstform ist. Ich halte viel von dieser Spontaneität.«

»Aber wo hört die Spontaneität auf?« fragte der erste ZBE, »und wo beginnt die äußere Manipulation durch den Aufnahmedirektor?«

»Ich habe nicht die leiseste Ahnung. Die Übergänge sind beinah unmerklich.« Er füllte ein Glas mit bernsteinfarbiger Flüssigkeit. »Möchten Sie auch?«

Der erste ZBE reichte ihm sein leeres Glas. Die beiden Beobachter machten es sich auf ihren Plätzen bequem und sahen sich die Show an.

Überblendung

SZENE: Poet zerbricht sich den Kopf.

Höhlen des Frostes, metallisch und grün
Bedecken die Chromzylinder des Geistes

Diese beiden Zeilen blieben über eine Stunde allein auf der weißen Öde des Papiers, während Ransom um den Vers ringt. Die Nacht ist eine endlose Folge von Kaffee heiß, Kaffee kalt, von Tonbandmusik und Stille, von ständiger Regulierung zwischen Warm und Kalt des Thermostats, von Erinnern, von blicklos vor sich Hinstarren, von Ruhigsitzen und im Zimmer Auf- und Ablaufen, von Anspannung und Entspannung. Langsam wandern die Zeiger der Wanduhr.

In der Tiefe schlummert der Vulkan
Unsichtbar und doch ersehnt voll düsterem Verlangen

Nie arbeitet Ransom konzentrierter als beim Schaffen seiner Lieder. Es gibt auch nichts, das ihm mehr bedeutet. Weder Melissa, noch Essen oder Trinken oder andere Freuden. Denn sie alle sind in seiner Dichtung.

Schattenhaftes Bewußtsein, erahnt
Versunkene Träume, das Feuer, das wieder erwacht

Die Taster werfen die ersten Schatten des Morgengrauens auf Ransoms elektronisches Ostfenster. Der Poet gähnt und streckt sich, er spürt, wie seine verkrampften Muskeln sich schmerzvoll entspannen. Er blickt auf das Manuskript, auf die Worte, durchgestrichen und abgeändert, manche dutzendmal und öfter. Er sieht den stumpfen Glanz des fleckigen Silbers durch die Schlacke.

Im Moment zufrieden mit sich selbst, bereitet er sich ein einfaches Frühstück.

Schnitt

SZENE: Der Poet als Liebhaber.

Ransom stützt sich mit einem Ellbogen auf das weiche Bett. Unter ihm verschwimmt Melissas Gesicht im Schatten.

»Stimmt irgend etwas nicht?« fragt sie ihn feinfühlig.

»Alles in Ordnung«, lügt Ransom. Was nicht stimmt, ist das ganze Leben des Poeten. Er ist unzufrieden mit sich, mit allem, was er tut. Doch er kann niemandem außer sich selbst die Schuld daran geben. Diese Erkenntnis quält ihn. Sie drängt sich in die Ekstase des Augenblicks.

Ich wollte, ich könnte irgendwie zu dir kommen
jetzt in diesem Moment
um diese bitteren Gedanken zu vertreiben
und Trost zu finden zwischen deinen Schenkeln

Ransom haßt das Hereindrängen der Realität in diesem Augenblick und versucht sie zurückzudrängen in den hintersten Winkel seines Ichs. Melissa ist warme, lebendige Hingabe. Er nimmt sie, und sie genießen diesen nahezu letzten menschlichen Akt, den noch nicht Maschinen für sie vollziehen.

Schnitt

SZENE: Der Poet hoch über der Welt. Jahre früher.

Das Licht der Spätnachmittagssonne fällt flach über die Berge. Von dem schmalen Plateau, das weit über die Nadelbäume hinausragt, blickt der Poet hinunter auf den Bergwald. Je höher er sich heraufdrängt, desto weiter stehen die Bäume auseinander und schmiegen sich gegen die zerklüfteten Felsen, deren Zacken stolz in den Himmel ragen. Weiter unter ihm windet sich eine schmale Straße zwischen Bäumen und Felsen hindurch. Dünner Rauch aus einem Lagerfeuer vermischt sich mit der frischen Novemberluft. Der Wind trägt einzelne Schwaden bis zu ihm herauf, und er riecht den scharfen Holzrauch. Schäfchenwolken ziehen über ihn hinweg südwärts und werfen ihre sich ständig verändernden Schatten über das Tal.

Ransom steht auf dem Plateau. Er ist jung und allein. Es ist sein erster Ausflug hierher; sein erster von vielen zu diesen Bergen westlich von Denver. Einzelne Zeilen aus Gerard Hopkins, *Der Windreiter,* kommen ihm ins Gedächtnis, als der Nordwind ihn mit seinem kalten Atem umfängt.

Ransom empfindet es plötzlich bewußt zu leben – viel mehr als in dem Bienenstock, der Ellay ist. *Eines Tages werde ich darüber schreiben,* verspricht er sich. *Ehe diese Berge um ihrer Bodenschätze willen ausgehöhlt sind oder eingeebnet, um breiten Straßen Platz zu machen. Zwar vermag ich nicht, ihre Vergewaltigung zu verhindern, aber vielleicht gelingt es mir, die Erinnerung an sie wachzuhalten.*

Und eines Tages wird er sein Versprechen wahrmachen.

Schnitt

SZENE: Der Poet beim Huren.

KATYA

Das letzte Mal war zu viel. Ich halte es nicht mehr durch.

MARSHALL

Du mußt es; wenn auch nur um des Kindes willen.

In einem Wutanfall fegt Ransom das halbfertige Drehbuch vom Schreibtisch, daß die einzelnen Seiten wie tote Blätter auf den Teppich flattern. Die Titelseite bleibt mit der Schrift nach oben liegen: *Dunkelheit ist billig: Ein Originalstück für Holovision.* Der Poet drückt die Einstellung für drei Schuß Scotch ohne Soda auf seinem Küchenprogrammierpult. Das Glas füllt sich automatisch, während Ransom die verstreuten Früchte seiner Karriere wieder aufsammelt. Er erhebt sich mit einer Handvoll Seiten und legt sie unwillig auf den Schreibtisch zurück.

Er gießt den Scotch in einem Zug hinunter, dann macht er sich erneut an die Arbeit, den Halt seines Lebens.

Ransom betrachtet das Drehbuch und diese Art von Arbeit als Vergeudung. Seine Liebe liegt auf dem Regal gegenüber. Es ist ein dünnes Buch in hellem Umschlag, ein Gedichtband mit dem Titel: *Blaue Berge über Denver.* Daneben in einem Ordner ruhen die ersten Seiten eines weiteren Werks. Schon lange steht es unvollendet dort. Und es wird wohl auch so bleiben.

Schnitt

SZENE: Der Poet feiert.

Die Bar ist alt, primitiv und schmutzig. Sie kauert verborgen zwischen höheren Gebäuden im Geschäftsgürtel, der den Raumhafen im Halbkreis umgibt. Ransom fährt oft mit der Rohrbahn hierher – manchmal um den riesigen Silberschiffen nachzusehen, wenn sie in die tiefe See des Alls tauchen, aber hauptsächlich, um zu trinken und sich mit seinen Freunden in der Bar zu unterhalten.

Muß i' denn, muß i' denn
zum Städtele hinaus
Städtele hinaus
und du mein Schatz bleibst hier

Volkslieder aller Länder: deutsche, englische, waliser, französische, amerikanische, russische. Tabak- und Cannabisrauch hängt in dicken Schwaden im Raum. An Alkohol ist kein Mangel. Mit einem Arm um die Schultern seines Freundes Morales und einer Flasche billigen Wodka in der anderen, grölt Ransom Lieder, die ihm gerade in den Kopf kommen. Manchmal stimmt der Text, manchmal reimt er sich selbst etwas zusammen.

»Kehr ich ein mein Schatz bei dir«, beendet er das Lied und zieht die Stirn in Falten. Morales bemerkt es und fragt: »Hast du Sorgen, mein Freund?«

»Ich bin völlig ausgelaugt«, gesteht Ransom. »Ich mache mir nur selbst etwas vor.«

»Heh!« brüllt Morales und meint den Harmonikaspieler in der Ecke. »Noch ein Lied!«

COMPUTERLEITTEXT:
MILIEU: BÜRORAUM
DUFTSIMULATOR: DSCHUNGELGERÜCHE, GEMÄSSIGT
TONEFFEKTE: SUBSONISCHE HINTERGRUNDSGERÄUSCHE (SPANNUNGSERZEUGEND)
EFFEKTE: H-AKTEURE NORMAL

Amelia Marchin. Generaldirektorin von UniCom, die mächtigste Frau der nordamerikanischen Unterhaltungsindustrie. Eine der einflußreichsten Frauen überhaupt. Sie besitzt die geschmeidige Schönheit eines Panthers: schwarzes Haar und grüne Augen, graziös, intelligent, skrupellos. Aber auch die Wildheit eines Raubtiers. Heute war sie ungehalten.

»Ich löse den Vertrag«, hatte ihr der Grund ihres Mißmuts erklärt. »Ich höre auf. Auf der Stelle!«

»Nein!« sagte Amelia Marchin. »Vor einiger Zeit hätte ich Ihnen vielleicht gestattet UniCom zu verlassen. Ich hätte es sehr bedauert, Ihre Kündigung jedoch angenommen. Immerhin sind Sie einer der talentiertesten Holovisionsautoren. Aber jetzt, fürchte ich, kommt eine Lösung des Vertrags absolut nicht in Frage.«

Ransom erhob sich. Sein Gesicht wurde so rot wie sein struppiger Bart. Er beugte sich über Amelias Schreibtisch und hieb mit der Faust auf die Platte. »Zum Teufel!« fluchte er. »Wenn ich Schluß machen will, dann halten auch Sie mich nicht auf. Es gibt immerhin noch Gesetze gegen Sklaverei.«

Amelia beobachtete ihn amüsiert. »Ja, leider.« Sie lächelt ihm beruhigend zu. »Na, setzen sie sich schon, Ransom. Es wird Ihnen nicht gelingen, mich durch einen Temperamentsausbruch einzuschüchtern.«

Das würde es auch nicht. Das wußte Ransom von früheren Gelegenheiten. Er setzte sich also wieder.

»Sie sind wirklich eine Anomalie«, sagte Amelia. »Wissen Sie das? Sie schreiben und bearbeiten Stücke mit den höchsten Zuschauerzahlen für UniCom, und doch besitzen Sie selbst kein Holovisionsgerät.«

»Ich halte nichts von Holovision«, knurrte Ransom. »Ich schreibe Ihre Drehbücher nur, damit ich nicht hungern muß, während ich an meinen Gedichten arbeite. Das ist alles. Nun habe ich genügend Kredite gespart, daß ich mich eine Weile geruhsam meinen wirklichen Werken widmen kann. Ergo, keine Drehbücher mehr.«

»Wir brauchen Sie!« sagte Amelia unbewegt.

Ransom schüttelte verwirrt den Kopf. Worte wie diese aus dem Mund der Generaldirektorin hörte man nicht jeden Tag. Er blickte sie forschend an.

»Sie haben ein ungeheures Talent. Sie sind ein Genie, ein verständliches Genie noch dazu. Das war schon immer eine bemerkenswerte Kombination, in unserem Jahrhundert sogar eine sehr seltene.«

»Vielen Dank für das Kompliment«, sagte Ransom, »aber Sie weichen mir aus. Warum wollen Sie nicht, daß ich kündige?«

Ein Lächeln entblößte ihre regelmäßigen weißen Zähne. »UniCom hat eine radikale Neuerung in der Holovisionsprogrammgestaltung entwickelt. Wir brauchen Ihr Talent und Ihre Fähigkeiten, sie dem Publikum schmackhaft zu machen.«

Ransom lachte und sein Lachen klang erschreckend laut in der gedämpften kühlen Atmosphäre des Büros. »Dem Feind auch noch helfen!« rief er. »Kommt gar nicht in Frage!«

Amelia hob eine Augenbraue, legte ihren Kopf leicht schief, und wieder lächelte sie.

Überblendung

WERBESPOT

WEITWINKELEINSTELLUNG – BLICK AUF EINE ROLLSTRASSE UND DIE SCHAUFENSTER EINES TYPISCHEN UNICOM VERKAUFSGESCHÄFTS. KAMERA SCHWENKT ZU EINEM GUTGEKLEIDETEN PAAR, DAS SICH DEM LADEN NÄHERT.

»Nur hereinspaziert, Leute«, dröhnte die Stimme des Verkäufers überschwenglich vor Jovialität. Sein Gesicht war die Standardfamilienausgabe: ein Konglomerat von jedermanns Lieblingsonkel. Der strahlende Verkäufer lud das ebenfalls strahlend lächelnde Ehepaar in die Verkaufsräume. »Ich begrüße Sie zu UniComs großem 20-20 Verkauf!«

»20-20 Verkauf?« erkundigte die Frau sich interessiert. Ihre Augen waren blau, wach und neugierig.

»Sie haben richtig gehört!« bestätigte der Verkäufer. »Wir haben erst die erste Woche des neuen Jahrs und schon bieten wir ein sparfreundliches Sonderangebot in allen UniCom Verkaufsläden in ganz Nordamerika. Ein Sonderangebot, das Ihnen beim Sparen hilft.«

»Sparen hilft?« horchte der Mann auf. »Das klingt ja großartig!«

»Es ist auch großartig!« versicherte ihm der Verkäufer. »UniComs neuestes Holovisionsgerät für 2020.«

»Wie schade!« rief die Frau. »Wir haben bereits ein Holovisionsgerät.« Ehrliches Bedauern, daß sie diesen netten Verkäufer enttäuschen mußte, der so sehr wie ihr Lieblingsonkel aussah, klang in ihrer Stimme mit.

»Aber ganz sicher keines wie dieses!« Der Verkäufer drehte sich auf dem Absatz um, deutete dramatisch auf den schwarzen glänzenden Kasten auf dem Kristallsockel. »Freunde, zweifellos haben Sie eines der alten Geräte – die Art, die Ihnen lediglich dreidimensionale Bilder und Stereoton bietet.«

»Was sonst?« wunderte sich der Ehemann. »Es ist das beste Gerät auf dem Markt.«

»Nicht mehr! Nicht mehr, seit UniCom der Holographie eine neue Dimension geöffnet hat.«

Das Paar blickte ihn verwirrt und gespannt an. »Eine neue Dimension?« fragten beide wie aus einem Mund.

»Völlig neu«, versicherte er ihnen. »Es ermöglicht Ihnen –«, er deutete auf die Frau. »Und Ihnen –«, und jetzt auf den Mann, »selbst höchstpersönlich mitzuwirken, der Hauptdarsteller in Ihrer Lieblingsholovisionsshow zu sein und zwar in Ihren eigenen vier Wänden.«

Das Ehepaar war völlig überwältigt.

»Stell dir vor –«, murmelte die Frau.

KAMERA FÄHRT ZURÜCK – SCHWENKT ZU VERKÄUFER. GROSSAUFNAHME – SEIN GESICHT

»So ist es, Freunde! Stellen Sie sich als Star Ihrer eigenen Show direkt in Ihrem Heim vor! Das einzige, das Sie dazu brauchen, ist unser phantastischer neuer 2020 Holovisionsapparat, erhältlich nur von UniCom. Sie erhalten Auskunft darüber und eine Gratisvorführung in jeder UniCom-Filiale. Besuchen Sie uns noch *heute!*«

COMPUTERLEITTEXT:
WIE VORHERGEHENDE SZENE – AMELIAS BÜRO

Überblendung

Eine Aufführung mit winzigen Schauspielern. Die Truppe bewegte sich über Amelias Schreibtischplatte. Das Drama war ohne Ton, doch Ransom hätte den Text zur Handlung lückenlos rezitieren können.

Schließlich hatte er ihn geschrieben.

»Überlegen Sie doch nur, was wir der Elektronik alles verdanken«, forderte Amelia ihn auf.

Ransom ließ auch weiter kein Auge von der Liliputaufführung von *Dunkelheit ist billig.*

»Am Anfang, während der ersten Hälfte des vergangenen Jahrhunderts, gab es das Radio – so gut es auch war, es blieb ein eindimensionales Medium – auf den Ton beschränkt. Das zweidimensionale Fernsehen verdrängte es zu einem hohen Prozentsatz. In den achtziger Jahren kamen dann die dreidimensionalen Bilder der Holovision.« Ihre Stimmen hatten den selbstsicheren Ton einer Hohenpriesterin, die aus dem Heiligen Buch vorliest. »Und nun ist UniCom soweit, noch einen Schritt weiterzugehen.«

Amelia drückte einen Knopf auf der kleinen Schalttafel neben ihrem Sessel, und das Hologramm auf der Platte vergrößerte sich zum normalen, lebensgroßen Maßstab und die ganze Seite des Büros vor dem Schreibtisch wurde zur Bühne.

Ein heroisch proportioniertes Paar liebte sich lautlos ganz in der Nähe von Ransoms Schulter. Er streckte die Hand nach den holographischen Schenkeln des Mädchens aus und seine Finger verschwanden im unberührbaren Fleisch.

»Wie schön«, brummte der Poet. »Ein weiterer Schritt vorwärts.

Und dann? Senden Sie das Programm direkt ins Gehirn der Zuschauer?«

»Noch nicht, Ransom. Vielleicht in der nächsten Saison.« Amelia drückte auf einen zweiten Knopf, der den Ton des Hologramms einschaltete. Über das schwere Atmen hinweg, fragte sie: »Können Sie mir sagen, was zur Vollkommenheit noch fehlt?«

Ransom zuckte die Achseln.

»Selbstbeteiligung«, erklärte ihm Amelia.

Ransom blickte sie mißtrauisch an und schob seinen Stuhl zurück. »Ich habe ein ungutes Gefühl. Ich glaube nicht, daß ich etwas davon wissen möchte.«

»Oh, ganz im Gegenteil. Natürlich wollen Sie alles darüber erfahren. Ich kenne doch Ihre Aufgeschlossenheit, Ihre unstillbare Neugier – ohne sie könnten Sie gar nicht so treffende Gedichte schreiben. Und auch Ihre Drehbücher sind manchmal –« Sie unterbrach sich und drückte auf einen Schalter. Die H-Akteure verschwanden. Die Frau griff in eine Schublade ihres Schreibtisches und brachte ein schwarzes Kästchen zum Vorschein. Es war ungefähr zwanzig Zentimeter lang, schätzte Ransom, und vielleicht halb so breit und tief.

»Selbstbeteiligung«, wiederholte Amelia. »Mit diesem Gerät hier wird sie ermöglicht. Es ist das direkte Verbindungsglied zwischen jeglichem Holovisionsapparat und UniCOMP.« Die nächsten zehn Stockwerke unter Amelias Büro waren UniCOMP.

»Was Sie nicht sagen!« feixte Ransom. »Sie wissen ja, was ich von Ihrem Blechmakrozephalen halte.«

»Einen Moment, Ransom. Glauben Sie mir, es wird auch Sie beeindrucken. Stellen Sie sich vor, Sie sind zu Hause und Ihre *Dunkelheit ist billig* wird über Holovision ausgestrahlt.«

Ransom nickte.

»Würde es Ihnen keinen Spaß machen, selbst die Hauptfigur, Marshall, darzustellen? Nicht nur die Hauptrolle in Ihrem Drama zu spielen, sondern Marshall zu *sein*?«

Ransom hob höflich die Augenbrauen.

»Das ist ohne weiteres möglich, Ransom!« Aufregung schwang in Amelias Stimme mit. »Dieses Kästchen macht es wahr. Uni-

COMP leitet die gesamte Produktion. Ihr Text wird direkt in Ihr Unterbewußtsein übertragen. Ihr Monatsbeitrag schließt einfache Requisiten, Spezialeffekte, sogar halluzinogene Hilfsmittel ein, die Sie empfänglich für UniCOMP Stimuli machen.«

Ransom starrte sie ungläubig an.

»Hören Sie, Ransom. Sie brauchen sich nicht einmal an das Drehbuch zu halten. Rückkoppelungen ermöglichen es Ihrer eigenen Phantasie und Ihren Reaktionen, die Handlung beliebig zu ändern. Das ist das absolute Nunplusultra in aktiver Unterhaltung. Es gibt jedem die Möglichkeit, seiner Phantasie freien Lauf zu lassen und seine Talente zu entfalten.«

»Sie sind verrückt!« keuchte der Poet. Unverhülltes Entsetzen verzerrte sein Gesicht. »Sie sind unheilbar verrückt!«

Amelia blickte ihn überrascht an. »Was haben Sie denn? Sie sind doch Poet und Schriftsteller – vielleicht einer der besten unserer Zeit. Sie wollen doch nicht wirklich behaupten, daß eine neue Kunstform Sie schockiert?«

»Das ist nicht Kunst«, protestierte Ransom, sein Gesicht rot angelaufen und seine Stimme klang belegt. »Es ist genau das Gegenteil.« Seine Züge arbeiteten, während er mühsam nach den richtigen Worten sucht. »Es ist Perversion. Es zerstört die echte Kunst, indem es sie auf einen einfachen, jedermann zugänglichen Nenner bringt.«

»Ich wußte gar nicht, daß Sie ein Snob sind!«

»Das ist es nicht. Aber wir haben –« Ransom schüttelte wild den Kopf und preßte die Lider zusammen. »Wir haben die Kunst so nivelliert, sie durch das Fernsehen und Holovision vulgarisiert. Selbst vor der Zeit der Elektronik haben wir sie schon verpopularisiert, indem inkompetente Leute die großen Werke zusammenkürzten und sogar zu Comic-Versionen umarbeiten.« Er lehnte sich vor und blickte in Amelias unergründliche Katzenaugen. »Ihre Methode zieht den Boden unter den Füßen jedes Dichters, Schriftstellers und Autors bis zurück zu den alten Griechen hinweg. Amelia, begreifen Sie denn nicht, was aus der Literatur wird, wenn jeder Mensch Shakespeare, Dostojewski und Joyce nach Belieben ummodeln kann?«

Amelia zuckte die Achseln. »Nordamerika ist schließlich eine Demokratie.«

»Was am schlimmsten ist«, Ransoms Stimme schnappte fast über, »was Sie da planen, das sind doch alles die Manipulationen einer Maschine – einer sterilen, kalten, gefühllosen Maschine.« Seine Züge zuckten. »Der Himmel helfe uns, wenn die Menschen dazu ja sagen.«

»Das werden sie zweifellos. Der ganze Prozeß ist bereits verbrauchergeprüft. Das Ergebnis war absolut marktgünstig.«

Ransom trat einen Schritt vom Schreibtisch zurück. Sein Gesicht wirkte grün. »Sie haben Ihre Seele verkauft, Amelia.«

Die Frau lächelte. »Aber, Ransom, als ob Sie nicht im gleichen Geschäft wären!«

»Nein!« flüsterte Ransom.

»Wie dem auch sei«, sagte Amelia hart, »wir werden UniCOMPs Selbstbeteiligungsholovisionsverfahren in sechzig Tagen dem Publikum vorstellen, und wir möchten, daß Sie das Drehbuch, und zwar ein völlig neues Stück, schreiben.«

»Nein«, weigerte sich Ransom.

Amelias Stimme wurde eisig. »Ransom, Sie werden uns dieses Drama liefern.«

»Nein!« Ransom schritt rückwärts zur Tür. »Das werde ich nicht. Und ich hoffe, auch sonst niemand.«

»Das Publikum verlangt es, und was es verlangt, wird es bekommen.« Sie machte eine Handbewegung, und die Tür glitt hinter dem Poeten auf.

»Kommen Sie zurück, wenn Sie sich beruhigt haben. Aber warten Sie nicht zu lange«, warnte sie. »UniCom möchte kein in letzter Sekunde hastig heruntergehacktes Stück.«

»Mist«, fluchte Ransom unüberhörbar. Die Tür schob sich hinter ihm zu.

Wieder allein, blätterte Amelia in den Papieren auf ihrem Schreibtisch. »Ransom«, flüsterte sie und es klang fast wie ein Seufzer, »wenn du nur ein besserer Dichter wärst!«

COMPUTERLEITTEXT:
EFFEKTE: (OPTISCH) H-AKTEURE ERST UNSCHARF, DANN LANGSAME SCHARFEINSTELLUNG
NAHEINSTELLUNG – GESPRÄCHSEINBLENDUNG
DUFTSIMULATOR: KORDIT

Überblendung

Morales. In jeder Gesellschaft gibt es jemanden, der das Illegale beschaffen kann: Frauen, Bücher, Drogen, was immer gerade das herrschende System verbietet. Das war Morales' Rolle in Ransoms Welt.

»Ich brauche eine Bombe«, sagte der Poet.

»Welcher Art?« fragte Morales ohne Erstaunen. »Wie groß? Willst du ein Haus in die Luft jagen? Einen Wagen? Ein Flugzeug? Möchtest du eine, die ein hübsches Feuerwerk entfacht oder eine unauffällige Neutronengranate mit beschränktem Aktionsradius?«

»Ich habe es mir noch gar nicht überlegt«, gestand Ransom und begann jetzt darüber nachzudenken. »Sie soll klein genug sein, daß ich sie in meine Hosentasche stecken kann, und stark genug, ein – sagen wir ein dreihundert Stockwerk hohes Gebäude zu zerstören.«

Morales stieß einen bewundernden Pfiff aus. »Du bist nicht gerade bescheiden, mein Freund. Aber ich glaub, ich kann dir helfen. Das, was du brauchst, wurde vor gut zwanzig Jahren vom Weltrat verboten. Wenn ich mich nicht täusche, nannte man es Fusionsgranate oder so ähnlich.« Er machte sich Notizen auf einem Schreibblock. »Ein Zehnkilotonner dürfte das Richtige sein«, murmelte Morales. »Und selbstverständlich mit detektorensicherer Hülle.«

Ransom nickte.

Daran hatte er gar nicht gedacht, aber das war bestimmt sehr wichtig.

Morales blickte von seinen Notizen hoch. »Das wär's wohl. Ich frage dich natürlich nicht, was genau du mit diesem Ding vorhast. Nein, es ist besser, ich weiß so wenig wie möglich, falls die Friedensschutzkommission der Sache auf die Spur kommt.« Er steckte den Notizblock unter seine Tunika.

»Der – der Preis –«, sagte Ransom stockend.

»Ah ja.« Morales rechnete lautlos. »Elfhundert Kredit dürften reichen«, schätzte er.

Ransom holte sein Scheckbuch heraus.

»Plus –«, fuhr Morales fort und Ransom hob den Kopf, »eine Erstausgabe deines *Blaue Berge über Denver* mit Widmung.«

»Es gab nur eine Ausgabe.« Ransom lächelte. »Mit Vergnügen.«

Schnitt

Die beiden Zuschauerbeteiligungsermittler, inzwischen im Laufe ihrer dienstlichen Obliegenheit ganz schön angeheitert.

Der erste ZBE gähnte. »Man weiß nie genau, wie es weitergehen wird.«

Der zweite zuckte die Schultern. »Das ist bei klassischen Sachen auch nicht anders.« Er war der kleinere der beiden, ein ziemlich korpulenter Mann, dem das Schulterzucken gar nicht leicht fiel. Aber es gelang ihm doch.

Der erste ZBE, der größere, hob das kalte Glas an seine Lippen. »Mir ist eine gut altmodische Komödie jedenfalls lieber.«

COMPUTERLEITTEXT:
LUFTAUFNAHME – HERANZOOMEN DES POETEN AUF ROLLSTRASSE
EFFEKTE: H-WERT-5 PROZENT
TONEFFEKTE: GEDÄMPFTE THEMEN AUS SOUSA-MÄRSCHEN
DUFTSIMULATOR: ROSEN

Ransom. Er schritt auf der Rollstraße und beschleunigte solcherart sein Vorwärtskommen. Die Bombe war ein beruhigendes Gewicht in seiner Gürteltasche. Zufrieden pfiff er vor sich hin.

Ich weiß, daß ich sterbe
Und der Tod ist ein Segen
Für mich und die Welt

Die Rollstraße führte hier durch einen Glastunnel, den die schwindelerregende Höhe zwischen Ransoms Wohnblock und dem Transitbahnhof überbrückte. Ein leichtes Schwindelgefühl überkam den Poeten, als die Rollstraße ihn inmitten des transparenten Tunnels durch das scheinbare Nichts zwischen den Gebäuden beförderte. Hoch über ihm drückte der graue Himmel mit seinen dunklen Wolken herab. Fast im Zenith stand eine trübe verschleierte Sonne. Unter ihm lag ein Schachbrettmuster von niedrigeren Gebäuden.

Der Bahnhof war überfüllt, wie üblich. Ransom bahnte sich sanft einen Weg durch die Menschenmenge, bis er den richtigen Bahnsteig und die Sperre für die Burbank-Rohrbahn fand.

Die Fahrt war nicht gerade aufregend. Das Zischen der Luft, als ein Vakuum geschaffen wurde; das Knistern, als sich das Antriebsfeld aufbaute; das sanfte Glühen der künstlichen Beleuchtung, wenn die Rohrbahn durch dunkle Straßenschluchten fuhr. Plötzlich schoß der Wagen über eine offene Strecke auf den imposanten Komplex der UniCom zu.

»Burbank, Ausgang El-drei, UniCom«, rief der Robotschaffner.

Ransom stieg aus. Mit den Händen zu Fäusten über den Hüften geballt, blickte er hoch zu den endlosen Stockwerken des UniCom Wolkenkratzers.

Plötzlich begann die Angst an ihm zu nagen. Kein intellektuelles Entsetzen, sondern eine instinktive Furcht. Angst und Bedauern. Bedauern, nie mehr einen Sonnenuntergang oder ein neues Morgengrauen zu erleben. Bedauern, nie mehr eine Frau lieben zu dürfen. Bedauern, nie mehr ein neues Gedicht schreiben zu können.

Doch die Angst war auch etwas Erhebendes. Ransoms düstere

Gemütsverfassung wandelte sich in Hochstimmung. Es war etwas Melodramatisches an dieser bevorstehenden Auseinandersetzung. Auf einer Seite standen die UniCom, Amelia Marchin, das UniCOMP Holovisionsverfahren, und all die Geld- und Hilfsmittel, die dieser Multimilliarden-Gesellschaft zur Verfügung standen. *Wie eines meiner Drehbücher,* lachte Ransom innerlich. Und auf der anderen stand er, Ransom, bullig, energiegeladen, mit struppigem Bart und einer Bombe in seiner Tasche.

Es ist eigentlich dir gegenüber nicht fair, wandte Ransom sich an das riesige Gebäude. *Ein Einzelgänger ist immer der gefährlichste Gegner.*

Mit festen Schritten näherte der Poet sich dem Portal. Fast war ihm, als marschiere er im Takt mit der aus der Ferne schwach vernehmbaren Blechmusik. Er nahm einen tiefen Atemzug. Rosenduft schwängerte die Luft. Rosen des Sieges.

Passender wären Lilien für die Bahre meiner Feinde.

Und für meinen eigenen Sarg.

»Amelia Marchin«, sagte Ransom zu dem Sicherheitsposten. »Ich werde erwartet.«

Der Wachmann murmelte etwas in ein Sprechgerät und erhielt eine Antwort.

»Jawohl, Sir. Bitte nehmen Sie Lift 8.«

Ransom schwebte den angegebenen Schacht hoch. Eine Hürde war genommen. Morales hatte garantiert, daß die Bombe höchstens durch eine Leibesvisitation entdeckt werden könnte. Und Leibesvisitationen waren in diesem zivilisierten Zeitalter höchst unwahrscheinlich. *Niemand* käme auf die Idee, eine Bombe zu einer geschäftlichen Besprechung mitzunehmen. Und doch hatte Ransom irgendwie ein ungutes Gefühl. Irgend etwas stimmte nicht.

Auf der zweihundertsten Etage mußte er in einen anderen Aufzug umsteigen. Wieder war Amelia Marchins Name das Sesam, das ihm die Tür zu einem weiteren Lift öffnete. Auch im dreihundertsten Stockwerk erwartete ihn ein Posten in blauer Uniform.

»Sie werden bereits erwartet, Sir«, empfing er ihn. Er ging voraus und Ransom folgte ihm. »Bitte treten Sie ein, Sir.« Der

Wachmann hielt die Tür für ihn auf. Ransom betrat den Raum. Er war dunkel. Die Tür schloß sich hinter dem Poeten.

Nicht der geringste Lichtschimmer drang in das Zimmer. Ransom stolperte ein paar Schritte weiter. »Amelia, was zum Teufel haben Sie vor?« Langsam begannen die Deckenlampen aufzuglühen. Der Poet blickte sich um. Er befand sich in einem kreisrunden Raum, ungefähr zwanzig Meter im Durchmesser; von einem geschnitzten Holztisch in der Mitte abgesehen, völlig leer. Ein Blatt Papier lag auf dem Tisch.

Ransom schritt darauf zu. Seine Schuhe echoten auf dem marmornen Boden. Er nahm den Zettel von der Platte. Mit der Hand geschrieben stand darauf:

Lieber Ransom,

Ein anderer Dichter hinterließ vor viereinviertel Jahrhunderten eine Botschaft für Sie. Shakespeare: Wie es euch gefällt, 2, 7, Z. 139-140.

Gruß,

Amelia Marchin

Er kannte das Zitat. Jaques, *»Die ganze Welt ist Bühne. Und alle Frauen und Männer bloße Spieler.«* Ransom stand wie gelähmt. Unvorstellbares Entsetzen wallte in ihm auf. Seine Hand tastete nach der Gürteltasche, riß sie auf und – holte ein Stück *Holz* hervor.

Der Poet stieß einen langgezogenen Schrei aus, geboren aus Qual, Wut und Verrat. Ein Aufheulen, ein Explodieren wie das einer Bombe.

Überblendung

TITELMONTAGE UND PRODUKTIONSANGABEN ÜBER EINER LANGSAMEN FOLGE VON GESICHTERN

MORALES

Morales blickt von einem Gedichtband auf. Er zuckt die Schultern und seufzt: »So ist das Leben!«

DER GRÖSSERE ZBE

Der größere Zuschauerbeteilungsermittler prostet seinem Freund zu. »Leben ist Kunst!« Er hebt das Glas an seine Lippen.

DER KLEINERE ZBE

»Nein«, widerspricht sein Kollege. »Kunst ist Leben.«

UNICOMP

UniCOMP summt nachdenklich. »KUNST IST IN LETZTER KONSEQUENZ NICHT DEFINIERBAR!« strahlt es in fetten Buchstaben auf den Schirm.

AMELIA

Amelia blickt mit sanftem Lächeln aus ihrem Büro im dreihundertsten Stockwerk des UniCom Gebäudes auf die Welt weit unter ihr. »Das Leben«, murmelte sie, »ist nur manchmal real.«

RANSOM

Ransom schweigt.

Bild aus

DER DAMPFMASCHINEN-JUNGE

von John Sladek

Wachtmeister Charles Conn überlegte so intensiv, daß seine Füße schmerzten. Es erinnerte ihn an seine ersten Tage im Dienst, damals, '89, als er jedesmal während seiner Patrouillengänge Kopfweh bekam.

Drei Zeitpolizisten standen vor seinem Schreibtisch und traten nervös von einem Bein aufs andere und hin und wieder auf ihre langen roten Mäntel, während ihre Hände unruhig mit ihren Helmen spielten. Wachtmeister Conn hatte gute Lust sie anzuschnauzen, aber was hätte es für einen Sinn? Sie kannten seine Probleme genau – schließlich waren sie immerhin er, Conn, selbst, auf Vierfachschicht.

»Okay, Charlie, berichte!«

Er duzte seine drei anderen Ichs, während sie ihn immer respektvoll Sir titulierten.

Der erste Polizist stand stramm. »Ich begab mich in drei verschiedene Zeitperioden, Sir. Die erste, als der Präsident das Repräsentantenhaus auflöste, die zweite, als er sich selbst zum obersten Richter ernannte, die dritte, als er das Umweltverschmutzungsgesetz unterzeichnete. Ich erklärte ihm das Ganze, mit Statistiken, Bildern, Nachrichtenkommentaren. Alles, was er sagte, war: ›An meinem Entschluß ist nicht mehr zu rütteln!‹«

Chuck und Chas meldeten ähnliche Mißerfolge. Der Präsident war nicht mehr aufzuhalten. Nicht nur, daß er die ganze Staatsgewalt bis herab zu den örtlichen Verwaltungen an sich gerissen hatte, benützte er sie auch, die Bevölkerung mit voller Absicht zu schikanieren. Es war strafbar, Eiskrem zu essen, zu singen, zu pfeifen, zu fluchen oder zu küssen. Es war ein Verbrechen, zu lächeln, oder die Worte *Rußland* oder *China* in den Mund zu nehmen. Unter dem *Sicherheit auf der Straße*-Erlaß war es ungesetzlich, öffentlich spazierenzugehen, herumzustehen oder sich zu unterhalten. Und natürlich galten Neger und andere »Auffällige« von vornherein als Verbrecher und fielen unter die Gerichtsbarkeit des Rassenreaktionsausschusses. Der *Natürliche Nahrungsmittel*-Erlaß schien anfangs sogar ganz vernünftig und im Sinne der Wissenschaftler, die davor warnten, die Fruchtbarkeit der Erde völlig zu erschöpfen und die Umwelt zu gefährden. Aber das Kleingedruckte bestimmte, daß in Zukunft kein künstlicher Dünger, sondern nur menschliche oder tierische Exkremente verwendet werden dürfen, und alle landwirtschaftlichen Maschinen verboten seien. Bald fanden sich in allen Zeitungen Karikaturen der Bauern, die sich an ihren verrotteten Traktoren vorbeischleppten und mit spitzen Stöcken Löcher in den Boden stachen; worauf diesen Zeitungen die Papierzuteilung gestrichen wurde. Die Warnungen vor einer bevorstehenden Hungersnot wurden solange ignoriert, bis die Regierung schließlich Getreide von C**** kaufen mußte.

»Meine Herren, wir haben alles andere versucht. *Nun ist es an der Zeit, uns zu überlegen, wie wir Präsident Ernie Barnes loswerden können.*

Die Männer begannen untereinander zu murmeln. Das ging mit großer Geschicklichkeit und auch Schnelligkeit vonstatten, denn Polizist Charlie, der wußte, daß erst Chuck ihm etwas zumurmeln würde, hielt sein eigenes Gemurmel zurück, bis er an der Reihe war. Und als Chuck Charlie zugemurmelt hatte, verhielt ersterer sich still und wartete, bis Charlie und Chas mit ihrem Gemurmel fertig waren, ehe er selbst Chas unsicher etwas zumurmelte.

Der Wachtmeister ergriff erneut das Wort. »Sich seiner in der Vergangenheit zu entledigen, wäre einfacher, als es jetzt zu versuchen, aber es wirft ein neues Problem auf. Lassen wir ihn in der Vergangenheit verschwinden, müssen wir sichergehen, daß niemand die recht umfangreiche Lücke in der Geschichte bemerkt.

Da wir als Zeitpolizisten die einzigen sind, die über ein Zeitfahrrad verfügen, würde der Verdacht auch sofort auf uns fallen. Erinnert euch doch nur, welche Schwierigkeiten wir hatten, als wir die Pyramiden verschwinden lassen mußten. Monatelang fragten die Leute noch: ›Was ist denn das komische Ding auf der Dollarrückseite?‹ Erinnert ihr euch?«

»Und was ist das komische Ding wirklich?«

»Ach, halt's Maul. Was ich damit sagen will, ist, daß man manche Zeiten zu manchen Zeiten ändern kann und, uh, manche – besser, ihr betrachtet es von dieser Warte: Ernie hat Millionen Leuten die Hände geschüttelt. Wenn wir ihn nun ausradieren, bekommen all die Leute alle Bakterien zurück, die sie auf ihn übertragen haben. Plötzlich entsteht eine Epidemie.«

»Aber, Herr Wachtmeister, glauben Sie wirklich, daß er jemals jemandem die Hände geschüttelt hat? Jetzt tut er es jedenfalls nicht mehr. Er sitzt nur noch in seinem Weißen Fort, vollgefressen und widerlich, geschützt von seiner FBI und CIA und seinen individualisierten Antipersonenraketen und Giftbakteriengastürmen und – und dem großen bösartigen Hund.«

Wachtmeister Conn warf dem Polizisten nur einen ungehaltenen Blick zu, ehe er fortfuhr: »Ich stelle es mir so vor: Wir entführen Ernie Barnes in seiner Kindheit, am besten 1937, und lassen an seiner Statt ein Gipsei zurück.«

»Ein Gipsei?«

»Na ja, früher hat man den Hennen so ein künstliches Ei untergeschoben, wenn man ihnen die echten wegnahm. Ich will damit sagen, daß wir das echte gegen ein künstliches Kind austauschen werden. Wilbur Grafton sagt, er kann eine Robotkopie von Ernie machen, so wie er 1937 ausgesehen hat.«

Wilbur Grafton war ein stinkreicher Exzentriker und Amateurerfinder, den die Mitglieder der Zeitpolizei gut kannten, weil ihr Vater, James Conn, bei ihm angestellt war.

»Und noch etwas. Vorsichtshalber wird der Roboter aus Materialien gebaut, die es vor 1937 schon gab, und er wird mit Dampfkraft angetrieben – das nur um sicherzugehen, falls jemand zu der Zeit Verdacht schöpfen und ihn auseinandernehmen sollte.

Wir können es schließlich nicht riskieren, daß jemand molekulare Stromkreise und peristaltische Logik vorzeitig entdeckt.«

Die vier mit einem fünften Polizisten (Carl) erschienen eines Abends im Landhaus Wilbur Graftons. Zu dem Butler, der sie einließ, sagte ein jeder: »Guten Abend, Dad«, wofür sich ihr Vater völlig unbewegt mit »Guten Abend, Sir«, bedankte. »Mr. Grafton befindet sich im Herrenzimmer.«

Der beneidenswerte Millionär, makellos in seinem Abendanzug, begrüßte sie. Dann entschuldigte er sich, um die Vorführung vorzubereiten. James füllte die Gläser, und während ein paar der Gruppe die tatsächlich echten, von 1950 stammenden Stücke bewunderten – unter anderem einen richtigen »Stereo«-Plattenspieler –, hatten die anderen sich um den Bildschirm geschart. Es war fast Sperrstunde, und sämtliche Kanäle übertrugen Präsidentenwerbung.

»Amerika, schlaf gut! Dein Präsident ist wohlbehütet. Ja, dank den IAPR – den individualisierten Antipersonenraketen – kann unserem Führer kein Leid geschehen. Denken Sie daran: Über zehn Milliarden allzeit bereite kleine Raketen um das ganze Weiße Fort herum, schützen seinen Schlaf und euren. Und vergessen Sie nicht – auf einer steht auch Ihr Name – und Ihrer – und Ihrer!«

Wilbur Grafton kehrte zurück und als die Sperrstunde begann, bat ihn einer der Männer zu beginnen. Grafton kicherte, daß er sich fast überschlug und die Augen hinter den Brillengläsern glitzerten. »Mein Guter«, und er kicherte weiter, »die Vorführung findet längst statt.« Er drückte auf einen seiner Manschettenknöpfe und fügte hinzu: »Hier ist er – der Dampfmaschinen-Junge!«

Sein Körper schwang senkrecht in der Mitte auseinander und gab einen stämmigen kleinen Burschen in gestrickter Badehose und gestreiftem Trikothemd frei, der eifrig Kurbeln und Hebel bediente.

Der Junge hörte auf, kletterte aus der aufgeklappten Hülle, machte zwei Schritte und blieb stocksteif stehen.

»Aber wo ist denn dann der echte Wilbur Grafton?« fragte Chuck.

»Hier, Sir.« Der Butler stellte die unbezahlbare Woolworth-Karaffe nieder und zog heftig an seiner Nase. Rasselnd und scheppernd öffnete er sich wie ein Mumienbehälter und gab den erneut makellos gekleideten Grafton frei.

»Ich brauche meine kleinen Scherze«, kicherte er, als der echte James mit weiteren Drinks hereinkam. »Erlauben Sie mir nun, daß ich unseren kleinen Freund für Sie wiederbelebe.«

Er steckte eine Kurbel in das rechte Ohr des Jungen und drehte sie heftig. Mit einem nur leichten Knattern und lediglich einer Spur von Dampf, kam der Roboter wieder zu sich. Die Schweinchennase, die weitauseinanderstehenden Augen und das boshafte Grinsen war allen nur zu gut von den »Euer Präsident macht sich Gedanken um Euch« Plaketten bekannt.

Als der weißhaarige Erfinder sich bückte, um am feisten Nacken des Roboters einige Justierungen vorzunehmen, stieß »Ernie« ihm mit aller Kraft mit dem Fuß gegen das Knie.

»Haben Sie diese Präzison gesehen?« strahlte Wilbur und hüpfte vor Schmerz auf einem Bein herum.

Der Roboter war tatsächlich erstaunlich realistisch, komplett bis auf das Stückchen ausgefranstes Heftpflaster auf einem Ellbogen. Charlie beging den Fehler, sich zu dem Jungen herabzubeugen und »Ernie« ein Bonbon anzubieten. Zwei andere Polizisten halfen ihrem lädierten Kameraden auf das Sofa, wo er seinen Kopf zurücklegte und so langsam das Blut stillen konnte. Die kleine Maschine kreischte vor Vergnügen, bis es Wilbur endlich gelang, sie abzustellen.

»Ich bin überzeugt, daß seine Eltern den Tausch überhaupt nicht bemerken werden«, sagte er zuversichtlich und schritt ihnen voraus zu seinem Hobbyraum. »Ich werde Ihnen die Pläne zeigen.«

Die Organe des Roboters waren ähnlich denen des Menschen, wie Wilbur Graftons Plan zeigte. Herz und Adern waren in Wirklichkeit ein komplexes hydraulisches System; die Leber stellte einen winzigen Destillationsapparat dar, der die Speisen auflöste und zu Öl umwandelte. Ein Teil dieses Öls floß in seine Adern, ein anderer verbrannte, um die Miniaturdampfmaschine in der Milz anzutreiben. Von dort aus bedienten Treibriemen die Gliedmaßen.

Scheinbar abschweifend erklärte Wilbur, daß sein Großvater, Orville Grafton, eine recht merkwürdige Substanz entwickelt hatte, die je nach Intensität des Lichtes ihre Dichte veränderte.

»Großvater wußte nichts Rechtes mit diesem ›Grafton‹ anzufangen, er verwendete es lediglich für Basrelieffotografien, während ich daraus, zusammen mit mechanischer Iris und Gelatinelinsen, die Augen des Jungen herstellte«, sagte er und wies noch auf eine Einzelheit hin. »Wenn die ›Graftonitretina‹ ein Bild aufnimmt, dann tastet ein pantographischer Aufzeichner es ab und übermittelt es dem Gehirn.«

Ähnliche Schaltungen leiten Schallwellen von den Grammophonohren ans Gehirn weiter und Hunderte von winzigen Kolben am ganzen Körper wirken als Tastsinn.

Die hydraulische Flüssigkeit war eine Suspension roter Teilchen ähnlich den Blutkörperchen. Wenn sie durch die Poren an die Oberfläche sickerte, wurde sie gefiltert und übrigblieb eine schweißähnliche Flüssigkeit.

Das Gehirn enthielt eine Anzahl Federn, die unterschiedlich straff gespannt waren. Mit dem Uhrwerk, das es mit den diversen Gliedmaßen, Organen und den Gesichtszügen verband, stellte es Ernies »Erinnerung« dar.

Grafton rollte den Plan wieder zusammen und befahl James, die Gläser mit Sekt zu füllen. »Meine Herren«, sagte er, »hiermit übergebe ich Ihnen nun Ernie Barnes – von Ballonlungen bis zu seiner Haut aus elastischem Stoff, der Perücke und den falschen Zähnen, ist er ein echt amerikanischer Junge, made in USA!«

»Aber wird es den Eltern nicht auffallen«, erkundigte sich der Wachtmeister, »daß der Junge nicht – nun, nicht *wächst?*«

Seufzend wandte der Erfinder sich kurz um und stützte sich auf die Werkbank. Ein ernstes Schweigen senkte sich auf alle Anwesenden, als sie sahen, daß er seine Brille abnahm und sich die Augen rieb.

»Meine Herren«, beruhigte er sie. »Ich habe auch daran gedacht. In ungefähr einem Jahr wird dieses Kind Grippe bekommen. Das Fieber wird steigen, und er wird immer schwächer werden. Schließlich sehe ich, wie er seine Mutter ruft. Sie tritt an sein Bett.

›Mutsch‹, sagt er, ›es tut mir leid, daß ich ein so böses Kind war. Meinst du, du kannst mir verzeihen? Weißt du — von jetzt an werde ich ein Engel sein.‹ Seine Augenlider zucken, ehe sie sich ganz schließen. Seine Mutter beugt sich über ihn und drückt einen Kuß auf die fieberglühende Stirn. Das löst den Mechanismus aus, und Ernie scheint zu — zu —«

Sie verstanden. Einer nach dem anderen stellten die Zeitpolizisten leise ihre Gläser auf die Werkbank und schlichen sich aus dem Hobbyraum. Carl wurde beauftragt, den Roboter nach 1937 zu bringen.

»Er hätte den Jungen hierher zum Hauptquartier bringen sollen«, brummte Wachtmeister Charles Conn. »Aber er ist nicht aufgetaucht. Und Ernie ist immer noch an der Macht. Was mag wohl schiefgegangen sein?« Sorgenfalten gruben sich in seine gutmütigen Züge, als er durch den Terminkalender blätterte.

»Vielleicht stimmt sein Zeitanzeiger nicht?« vermutete Chas. »Vielleicht ist er an der falschen Stelle von seinem Zeitfahrrad gestiegen? Oder vielleicht hat er eine Reifenpanne?«

»Er müßte schon längst zurück sein. Wie lange braucht man im Höchstfall, die fünfzig Jahre zu reisen? Jedenfalls haben wir im Moment keine Zeit es auszurechnen. Dem Kalender nach ist es Zeit, daß wir unsere Rolle wieder tauschen. Ich kehre zurück und werde Charlie. Charlie, du übernimmst Chucks Stelle, Chuck wird Chas, und du Chas, wirst Carl — wir werden bald genug herausfinden, was mit ihm ist. Also, gehen wir!«

Und den Zeitpolizeimarsch in tiefen Baßstimmen schmetternd (natürlich fanden sie es lächerlich, aber der Präsident bestand darauf), kletterten sie auf ihre chromfunkelnden Zeitfahrräder, stellten die Eieruhr auf den Lenkstangen ein und eilten davon.

Carl trat 1937 hinter einem Baum hervor. Das Kind kniete in seinem Sandkasten, offensichtlich eifrig damit beschäftigt, einem jungen Hund eine Blechdose an den Schwanz zu binden. Die häßliche Fratze blickte Carl interessiert entgegen.

»VERSCHWIND SOFORT AUS MEINEM GARTEN ODER ICH RUF MEINEN PAPA! WENN DU MIR NICHT SOFORT EINE TAFEL SCHOKOLADE SCHENKST, DANN WERDE – DANN WERDE ICH –«

Schnell strampelte Carl auf seinem Zeitfahrrad ein paar Stunden zurück zu einer Drogerie, wo er eine Tafel Schokolade und eine Flasche Äther erstand.

Er würde sicherlich beides brauchen, um an das Kind heranzukommen.

»Sie möchten wohl –«, stotterte der Drogist, »Sie möchten wohl, daß ich Sie frage, warum Sie einen goldenen Footballhelm mit Flügeln tragen und den komischen roten Umhang. Aber ich denk gar nicht daran! Mir sind schon alle Möglichen vor die Augen gelaufen –«

Aus Rache steckte Carl unbemerkt eine Schminkschachtel für Privatdetektive ein.

Die Berechnung stimmte genau. Er kehrte zum exakten Zeitpunkt in sein gerade zu verschwimmen beginnendes Ich am Sandkasten zurück. Er streckte dem Jungen beide Hände entgegen. Eine hielt die Tafel Schokolade, die andere ein in Äther getauchtes Taschentuch.

Als Carl mit dem dicken Jungen über der Lenkstange hängend in die grauen, winzigen Zeitkorridore fuhr, wurde ihm klar, daß er ein besseres Versteck als das Hauptquartier brauchte. Die FBI würde auf jeden Fall erst dort alles auf den Kopf stellen, auf der Suche nach dem verschwundenen Präsidenten. Ein viel besserer Platz wäre das Landhaus Wilbur Graftons. Oder vielleicht sogar – hmmm.

»Ein großartiger Einfall!« lobte Wilbur, der neben dem Swimming Pool saß und ständig die feuchten Umschläge auf seinem verletzten Knie wechselte. »Wir schmuggeln ihn in das Weiße Fort – das ist der einzige Ort, wo sie ihn nicht suchen werden!«

»Das Problem ist, wie kriegen wir ihn durch die vielen Sperren und –«

Wilbur schob die Brille auf die Stirn und meditierte. »Sie kennen doch den Hund des Präsidenten – den riesigen häßlichen Bastard, der mit ihm in der ›Eßt mehr Pferdefleisch‹-Werbung auftritt. Ralphie heißt er.«

Automatisch sang Carl: »Ralphie liebt es, jeden Bissen. Warum sollten Sie es missen? Pferdefleisch! Pferdefleisch!«

»Ich arbeite an einem Robothund, der von Ralphie nicht zu unterscheiden ist. Und er ist auch groß genug, den Jungen in sich zu verbergen. Sie lassen heute nach der Sperrstunde den echten Ralphie verschwinden. Dann verkleiden wir den Jungen und schicken ihn hinein.«

Als der Hund aus dem Weißen Fort kam, um den Rasen organisch zu düngen, wartete Carl schon mit dem Robothund und einem äthergetränkten Taschentuch. Innerhalb von Minuten hatte er das Double bereits einem Sicherheitsposten anvertraut und Ralphie in die düsteren Zeitkorridore verfrachtet. Es war gar nicht zu befürchten, daß der Junge entdeckt würde, denn die Hundehülle sorgte dafür, daß er nur hündische Laute von sich geben konnte und sich auch wie ein Hund benahm.

Carl erstattete Bericht im Landhaus.

»Ich muß ein Geständnis ablegen«, sagte der alte Erfinder. »Ich bin nicht Wilbur Grafton, sondern nur ein Roboter. Der echte Wilbur Grafton erfand ein Verjüngungsmittel. Er wollte jedoch kein Aufsehen erregen, darum entschloß er sich, in die Vergangenheit zu reisen, ins Jahr 1905, wo er als Assistent seines Großvaters, Orville Grafton, arbeiten würde.«

»In der Zeit zurückreisen? Aber dazu brauchte er doch ein Zeitfahrrad!«

»Stimmt! Um es zu bekommen, erklärte er sich einverstanden, mit der Zeitpolizei gemeinsame Sache zu machen. An dem Abend, als er den Dampfmaschinenjungen vorführte, erinnern Sie sich? Da verließ er einmal den Raum und kam in der James-Hülle zurück. Es war aber ich, der darin steckte. Der echte Wilbur schlüpfte aus dem Haus und borgte sich eines Ihrer Zeitfahrräder. Mit dem fuhr er nach 1905. Er schickte das Rad per automatische Kontrolle zurück. Seitdem habe ich seinen Platz eingenommen.«

Carl kratzte sich am Kopf. Irgendwie schien es Sinn zu machen. »Warum erzählen Sie mir das alles?«

»Damit Sie davon profitieren. Wenn Sie Ihren Schminkkoffer zu Hilfe nehmen, dann können Sie sich als Wilbur Grafton herrichten und mich ablösen. Ich weiß doch, daß der Gehalt eines Zeitpolizisten nicht sehr hoch ist, und schon gar nicht, wenn er fünffache Schichten für das gleiche Geld machen muß, während ich ein herrliches Leben führe. Sie könnten in die Zeit zurückschlüpfen, und meine Stelle einnehmen.« Der Roboter händigte ihm einen Umschlag aus. »Hier sind die genauen Anweisungen, wie man mich demontieren kann – und auch wie sich das Verjüngungsmittel herstellen läßt, falls Sie jemals das Bedürfnis danach haben sollten.« Er machte eine Pause. Etwas surrte, dann öffnete er noch einmal den Mund: »Dies ist eine Tonbandaufnahme. Leben Sie wohl!«

Und warum auch nicht, dachte Carl. Hier gab es den blauen Swimming Pool, das »Stereogerät«, das Haus mit der luxuriösen Einrichtung. James, sein Vater, stand diskret neben ihm, bereit, den Sekt einzuschenken. Und das Stubenmädchen war unwahrscheinlich hübsch. Es könnte ein langes, langes Leben werden, mit periodischen Verjüngungen –

Ernie streckte sich auf dem bequemen Liegesessel und bewunderte sich auf dem Fernsehschirm. Als die Wache den Hund hereinbrachte, biß dieser ihn. Er war schon dabei, den Tierhenker rufen zu lassen, um Ralphie eine Lehre zu erteilen, als ihm etwas am Ausdruck der Hundeaugen auffiel.

»Aha!« Er grinste. »*Du* bist es also. Oder sollte ich sagen, *ich* bin es? Aber merk dir, wage ja nicht mehr, mich zu beißen, verstehst du? Wenn du es doch noch einmal tust, dann lasse ich dich in der Hundehütte, und außerdem sorge ich dafür, daß du nur scheußliches Pferdefleisch bekommst, während ich vor den Fernsehzuschauern darüber singe.«

»Pah«, dachte das Kind, das wußte Ernie genau.

»Ich kann es tun, Junge. Ich bin der Präsident und ich kann alles tun, was mir Spaß macht. Darum bin ich auch so fett.« Er stand auf und begann, sich im Thronsaal hin- und herzubewegen, und sein Bauch ihm voraus wie ein Vorderrad.

»Pah! Pah!« dachte der Junge. »Wenn du alles kannst, warum befiehlst du dann nicht, daß jeder früh ins Bett geht und sich den Mund mit Seife auswäscht, wenn er sagt –«

»Das tu ich ja, das tu ich ja. Aber es gibt da ein Problem. Du bist zu jung, es zu verstehen – verstehe ich es schon kaum – aber ›jeder‹, das bist du und das bin ich. Ich bin all die Leute, die es je gab und je geben wird. Das heißt, die Männer zumindest. All die Frauen sind das Mädchen, das Stubenmädchen bei Wilbur Grafton war.«

Er begann Klein-Ernie die Zeitreise zu erklären, obwohl er wußte, daß das Kind nicht die Hälfte davon verstehen würde, aber er mußte es tun, genau wie Groß-Ernie es ihm erklärt hatte: Carl Conn, der Wilburs Stelle eingenommen hatte, war alt geworden. Er entschloß sich also zu einer Verjüngung und ging zurück in die Vergangenheit. Der wilde alte Ralphie, der immer noch in den Korridoren der Zeit lauerte, überfiel ihn und richtete ihn ganz ordentlich zu. Ein Teil von Carl kehrte ins Jahr 1905 zurück und wurde zu Orville Grafton.

Ein anderer Teil wurde gemeinsam mit dem Hund verjüngt und tauchte 1937 auf.

»Dieser Carl-Teil, mein Junge, warst du. Die Verjüngung löschte allerdings das meiste deiner Erinnerung aus – außer den Träumen – und ist auch schuld daran, daß du ganz anders aussiehst.

Du mußt also verstehen, daß es deine Aufgabe ist und meine und die eines jeden, sich durch den Kreislauf der Zeit zu schlängeln –« er schlängelte seine Hand durch die Luft – »und die Leute zu sein. Als nächstes bin ich der Butler und du mußt so tun, als wärest du der Roboter, der vorgibt, du zu sein. Dann wirst vermutlich du zu meinem Vater und ich werde seiner, und dann bist du ich. Kapiert?«

Er drückte den Schwanz des Hundes wie einen Hebel herunter

und die Hülle öffnete sich. »Möchtest du Eiskrem? Ich habe nichts dagegen, solange niemand sonst welche bekommt.«

Das Kind nickte. Das Stubenmädchen, hübsch wie immer, brachte einen riesigen Präsidenteneisbecher. Der Junge blickte sie an und sein Stirnrunzeln wich einem begeisterten Lächeln.

»Mama?«

DIE AMPHIBIEN DER ZEIT

von Brian W. Aldiss

Das Innere einer Kirche: nicht sehr beeindruckend, aber sehr hoch, die Wände mit braunmeliertem Kunstmarmor überzogen, die hellen Fresken darauf kaum erkennbar. Die Orgel mit einer Uhr an der höchsten Pfeife ist ein elegantes Kunstwerk, wenngleich sie zwischen Galerie und Decke ein wenig eingezwängt wirkt. Im Moment erklingt eine etwas bombastische Version der Tokkata aus Georgi Mushels *Orgelsuite*, während die Versammelten sich kurz niederknien und dann lachend aufbrechen.

Pagolini erscheint mit seinem Freund und Künstlergenossen, Rhodes, und reibt sich die Hände, als sie die Stufen heruntersteigen.

»Ein etwas armseliger Gottesdienst. Ich nahm nur des Verstorbenen wegen daran teil. Die Dinge sind schlimm genug für die Toten, auch ohne unsere Vernachlässigung. Warum sollten die Lebenden sie einfach fallenlassen? Leben und leben lassen, sage ich.«

Er ist ein hochgewachsener und gutgebauter Mann, robust, ein noch recht jugendlicher Fünfziger mit dichtem hellen, leicht rötlichem Haar. Nicht irgendwie exzentrisch, aber wenn man ihn einmal persönlich kennengelernt hat, vergißt man ihn nicht so leicht.

Das einzige, was Rhodes sagt, ist: »*Bahre* ist ein Wort mit rhythmischem Wohlklang, wie *Guttapercha* und *Rubrik*.«

Rhodes ist ebenfalls sehr groß. Keine Spur eines ausschweifenden Lebenswandels ist erkennbar. Er ist Sechsundvierzig. Seine Züge sind straff, und die Augen scharf und wachsam hinter den dicken Brillengläsern. Liebe betreibt er einzig und allein mit Thaifrauen und nur in *soixante–neuf* Stellung.

Die Kamera fährt zurück, schneller als die beiden Männer sich vorwärts bewegen, und erlaubt so einen guten Blick auf die Kirche hinter ihnen. Sie ist nun als der Pennsylvanien-Bahnhof in New York erkennbar, der längst nicht mehr für den Schienenverkehr benützt wird und von Pagolini für den heutigen Anlaß gemietet wurde. Die Orgel spielt noch. Die meisten der Trauergäste halten sich an den Händen, als sie durch das Portal treten. Obwohl sie sich kaum oder gar nicht kennen, lächeln sie einander zu. Überall sind Menschen.

Pagolini und Rhodes schreiten über die Straße zu einem öffentlichen Transportmittel, aber einen Augenblick später sehen wir sie in Rhodos' Volvo 255S über den Sand fahren. Die Orgel spielt immer noch. Der Wagen mit der Kamera folgt ihnen, schließt aber manchmal für eine Seitenaufnahme auf. Manche Stellen des Strandes sind übervölkert. Glücklicherweise wird niemand getötet, oder zumindest nicht mehr, als zu erwarten ist.

Plötzlich erdröhnt die Musik in voller Klangfülle – wir alle erkennen die Melodie voll ergriffener Begeisterung –, es ist Byrnes, *Alles, was wir sind*. Alles, was wir sind, ward vor langer Zeit entschieden. Es hüllt uns ein wie ein Schaumbad.

Rhodes legt eine Kassette ein, während er mit der anderen Hand den Volvo lenkt. Nackte Frauen schwimmen in Holovision und tanzen auf dem Armaturenbrett. Er vergrößert sie, bis sie die ganze Windschutzscheibe ausfüllen, und der Wagen durch ihre Schenkel braust. Dann schaltet er wieder aus. »Hast du Lust, Mollys Einladung Folge zu leisten?« fragt er.

»Fühlst du dich erhaben genug?«

Rhodes zuckt die Achseln. Also nimmt Pagolini das Radiophon ab und wählt Mollys Nummer. Jaah, es wäre dobro, sie zu sehen. Also Beeilung. Haben sie sich schon für die zwei Filme entschieden? Nein, aber sie drehen bereits den ersten. Ist das nicht etwas kompliziert? Die beiden Männer blicken sich an. »Guttapercha, *Bahre, kompliziert*«, murmelt Rhodes.

Nun folgen wir einem von Rhodes Muskelflugzeugen, das Fülleraufnahmen macht, und zwar über einer typischen Teenstadt des neuen Jahrhunderts: das an der baskischen Küste liegende Tourismus- und Industriezentrum von Lan Friguras. Die Siesta ist vorbei, die Straßen sind überfüllt. Die übliche Abendunterhaltung besteht aus viel Demo, Agro und Proto. Das Demo wird von den örtlichen Gewerkschaften veranstaltet, die gegen schlechte Arbeitsbedingungen und schlechte Freizeitbezahlung demonstrieren. Das Proto halten die Urlauber ab, die wegen zu mieser Unterhaltungsmöglichkeiten protestieren – denn wenn man schon einen ganzen Monat auswärts Urlaub machen muß, um die wirtschaftlich unterentwickelten Gebiete zu unterstützen, dann möchte man doch zumindest angemessene Entschädigung! Das Argo stellen natürlich die einheimischen Miesmacher auf die Beine, die jeden aggressiv anpöbeln, der ihres Erachtens zu zufrieden wirkt.

Das Muskelflugzeug nimmt alles auf, während die fünf Ruderer hart an den Flügeln arbeiten, und der Kameramann, Danko Brankić, ein Kroate, durch das Tele linst. Motorflugzeuge sind über fast allen Mittelmeerurlaubsorten verboten. Die Schatten der Flügel flattern über die Menschenmenge. Brankić wendet die Kamera ab, er scheut den allzu offensichtlichen Symbolismus.

Während der ganzen Dreharbeiten plaudert Molly, nicht immer klar verständlich, über Radiophon. Trotz ihrer Millionen ist die Stimme der Masse die ihre, wie der Demo–Agro–Proto andeuten mag.

Eine Hin- und Her-Überblendung in Mollys Villa, wo an die dreihundert Personen auf den sonnigen Terrassen herumlungern oder durch die kühlen Räume spazieren. Es war ihr in den neunziger Jahren geglückt, eine alte Frankfurter Metallrohrfabrik billig zu erstehen. Völlig ausgeschlachtet, mit schwarzem und gelbem Plastik und Gummitgutt überzogen, hebt sie sich wirkungsvoll von der bereits vorher vorhandenen Nachbildung eines nubischen Palasts ab.

Molly selbst ist eigentlich eine Enttäuschung inmitten all dieser neuzeitlichen Herrlichkeit, die von dem großen Pagolini entworfen sein könnte, auch wenn er es lachend weit von sich wies, als sie es einmal andeutete. Die überdimensionalen Brüste, die ihr den Titel Mrs. Ernstein-Diphtong III eingebracht haben, geben ihr ebensoviel Halt wie sie ihr, aber die weichliche Knochenstruktur ihrer Wangen beginnt bereits sich abzuzeichnen.

Wir hören gerade einen Gast sagen: »In fünf Jahren oder ein Jahr mehr oder weniger wird ihr Kinn sich zu vervielfältigen beginnen.«

Eine Frau antwortet: »Sie ist so anstrengend wie Brankićs Muskelflugzeug«, man könnte fast meinen, sie hätte die letzte Einstellung mitbekommen, denn wir sind immer noch mit unserer Hin- und Her-Überblendung beschäftigt.

»Und verbraucht genausoviel Männer.«

Molly begrüßt Pagolini und Rhodes, als sie aus ihrem Flugzeug klettern. Eine Nahaufnahme ihrer ausdruckslosen Gesichter zeigt die wilde Schönheit der Adriaküste im Hintergrund, mit dem Meer, das in einem altmodischen Blau schimmert. Die Kamera schwenkt mit ihnen zur Begrüßung ihrer Gastgeberin und zeigt den bekannten Gipfel des Matterhorns hinter ihrem nachgeahmten Palast in den Himmel streben. Möglicherweise ist es aber auch nur ein phallisches Symbol.

»Ihr beiden herrlichen Männer! Es wurde schon fast ein wenig langweilig, ehe ihr kamt. Wirklich, Cecil, du darfst nicht glauben, daß es mich stört, aber muß dein Kamerateam dir denn ständig folgen?«

»Es ist nur mein Nummer-zwei-Team«, entschuldigt er sich.

»Katatonisch!« ruft sie erfreut aus.

Während sie sich unterhalten, verdunkelt sich die Szene und wird zu einem lebendigen Schwarz. Kein Laut, es erscheint nur ein Ausschnitt aus Jacob Byrnes, *Die Amphibien der Zeit:*

Wieder sehen wir eine historische Krise vor uns, die ich die »Uhr-und-Schußwaffen-Zeit« nenne. Solche Krisen ergaben sich schon früher, besonders gegen Ende des dreizehnten Jahrhunderts, als Städte sich ausdehnten, und eine neue menschliche Zusammenballung verursachten, die bereits auf die Renaissance hindeutete. Schußwaffen und Uhren wurden damals erfunden und symbolisierten die äußeren und inneren Aspekte des westlichen Menschen. Neue Zusammenballungen haben immer neue Bewußtseinsebenen geschaffen.

Eine Überblendung auf das dickbauchige Werk. Im Mittelpunkt wachsen die markanten, grobgeschnittenen Züge Jacob Byrnes'.

Byrnes redet auf Rhoda ein, die noch in ihrer Fallschirmspringerkombination steckt. Sie hört ihm zu und kämmt sich dabei das Haar.

Eine einzelne Violine deutet das Thema an.

»Obwohl ich von mir ohne weiteres behaupten kann, daß die ganze Welt mein Zuhause ist, teile ich doch nicht die Überbleibsel aus dem vergangenen Jahrhundert. Aber ich könnte überall leben, und die Amoy-Ranch wäre genau das Richtige für meine alten Tage. Das stört mich kein bißchen.«

»Dobro! Dann nimm es dir nicht zu Herzen!« Sie hat immer noch ihre herrliche Löwenmähne, an der sich in den letzten dreißig Jahren nichts geändert hat, und sie füllt die ganze Leinwand aus.

»Ich nehme es mir ja auch nur bis zu diesem Punkt zu Herzen. Was meinst du, soll ich Gondwana verkaufen, ehe ich umziehe?«

Sie winkt ungeduldig ab. Sie liebte ihn, hat ihn geliebt, weil er nicht der Mann war, der erst fragen mußte, um seine Entscheidungen zu treffen. Wenn er fragte, war es, weil er die Antworten schon kannte.

»Rhoda, du weißt, Gondwana bedeutet mir sehr viel – aber es ist immer Irrsinn, Land zu besitzen. Ich trage das eigentliche Gondwana in meinem Herzen. Ich werde es verkaufen – außer du möchtest es ganz haben. Wenn du es ganz willst, soll es auch ganz dir gehören.«

»Was ist mit Rhodes? Wird er hier weiterdrehen?«

Er schritt quer durch das Zimmer mit den düsteren slawonischen Gardinen vor dem hohen Fenster. Er war untersetzt wie eh und je, fast ein bißchen zu schwer. Seine Beine bereiteten ihm Kummer. Er hinkte leicht.

Er schwang die Trenntür auf und deutete ins Arbeitszimmer,

das vor einigen Monaten in einen Vorführraum verwandelt worden war. Sie blickte über seine Schulter.

»Ich weiß.«

Dosen mit Holofilmspulen waren überall aufgestapelt – auf den Tischen und dem Fußboden. Manche der Dosen waren nicht einmal beschriftet.

»Vielleicht kommen sie zurück.«

Sie blickte ihn an.

»Es gibt keine zwei Menschen, die einander wirklich verstehen, Jake. Nimm dich selbst. Bist du verärgert über das, was Rhodes und Pagolini aus deinem Buch machen?«

Er grinste. »Früher hatten wir Schwierigkeiten, als wir versuchten, unsere eigenen Ichs zu finden. Erinnerst du dich? Das ist schon lange her. Wir haben dieses Rätsel nie gelöst. Es war ganz einfach eines der Probleme des zwanzigsten Jahrhunderts.«

»Du hast meine Frage immer noch nicht beantwortet«, erinnerte sie ihn.

Er holte einen der Holofilme aus der Dose und fädelte ihn in den Projektor. »Es steckt Logik in ihrer Unlogik. Selbst ihre Ausdrucksmöglichkeiten sind inzwischen bereits überholt mit dem Beginn der Gefühlsprojektion. Also ist es mein Buch erst recht. Zumindest versuchen sie jedoch die Grundaussage zu verbreiten, nämlich, daß wir eine Epoche angehen, in der Lesen und Schreiben ein Ballast ist. So, aber nun sag du mir endlich, was wir mit Gondwana tun sollen –«

Er hat bereits die Schalter betätigt. Die letzten Worte gehen über in das dreidimensionale Bild des Stars Quiller Singh in seinem Ford-Cunard Laser 5, der gerade im ersten Abschnitt der Himalaya-Rallye in Lhasa einfährt, knapp gefolgt von zwei IBM Saab Nanosinen. Lamas jubeln. Ein Jak geht durch und galoppiert durch eine Seitenstraße. Singh hält schnell in einer der improvisierten Werkstätten und läßt die Stoßdampfer auswechseln. Der Würfel füllt sich mit Mechanikern, die sich über den Wagen beugen. Dampf und Rauch steigen in den frostigen Sonnenschein auf.

Singh schiebt seine Schutzbrille auf die Stirn und wendet sich

Rosemay Schlieffer zu. Im Hintergrund singt eine rauchige Stimme: »*Alles was wir sind, ward vor langer Zeit entschieden – und was wir sind dereinst, das wird jetzt bestimmt –*«

Die Kamera schwenkt hinauf zu den Klöstern auf den Bergeszinnen, und über sie hinaus zu den höchsten Gipfeln mit den Palästen der heimgekehrten martischen Millionäre.

Innenaufnahme eines dieser Paläste mit den verschnörkelten Dachrinnen.

Antiseptisches asiatisches Licht, durch verborgene Neonröhren noch weiter gebleicht. Nie können sie genug Licht bekommen, diese Zurückgekehrten. Die Schwerkraft ist eine andere Sache. Der alte Dick Hogan Meyer trägt eine Reflexionsbrille und Beinstützen und legt beim Gehen sein ganzes Gewicht auf die Krücke, die an seinem rechten Unterarm befestigt ist. Er deutet mit ihr auf Pagolini.

»Hören Sie mir gut zu. Wenn mir auch jetzt halb Lhasa gehört, als ich damals als junger Bursche zum Mars anheuerte, war ich nur ein einfacher Rohrschweißer, das heißt, was man damals als ›einfachen Rohrschweißer‹ bezeichnete. Wissen Sie überhaupt, was das ist, Mister? So was gibt es nämlich heutzutag überhaupt nicht mehr!«

Pagolini nahm einen Schluck aus seinem Glas und sagte: »Immer wenn Sie sprechen, Meyer, fange ich an, an ein bestimmtes Grün zu denken.«

»So? Tun Sie das? Hören Sie mir gut zu. Ich war einer der Burschen, der die Wasserrohre über den halben Mars legten. Wußten Sie das?«

Eine düstere Landschaft, ähnlich einer Nahaufnahme eines spärlich mit Flechten überwachsenen Felsens. Land und Himmel teilen sich die Leinwand. Nichts zu sehen als vereinzelte Krater und Mulden im Boden. Eine trostlose Öde, die nie etwas hervorgebracht hat. Nicht unbewohnbar, aber was immer sich auch hier ansiedelte, würde sich anpassen müssen.

Das Bild wechselt. Die Maschinen kommen in Sicht. Dexionsloren, konstruiert zum Auseinandernehmen und zum Zusammenbau je nach Gebrauch, schleppen riesige Wasserrohre, zwei Bagger, einen Caterpillar zum Verlegen der Rohre. Unten im Tausendkilometerschacht arbeiten zwei Mann und schweißen die Rohre zusammen. Der Lorenmotor, der den Strom liefert, klingt dünn und traurig.

Die ganze Zeit murmelt Dick Hogan Meyers Stimme im Hintergrund genauso dünn und traurig, als schwände ihre Kraft mit der planetenweiten Distanz.

»Männer haben das geschafft, Kilometer um Kilometer, einhundert Rohrlängen pro Kilometer. Sie hatten nicht die Maschinen wie auf der Erde, nein, Mister, die gab es dort nicht. Darum taten wir es. Natürlich war die Bezahlung gut, sonst hätte ich mich gar nicht dazu verpflichtet, das dürfen Sie mir glauben. Aber es war eine schwere Arbeit, das war es, Mister! Wir führten ein hartes Leben, hart wie die Arbeit dort. Und ein Wind blies immer durch die verdammten Rohre, wir fragten uns nur, wo er herkam.«

»Katatonisch! Es ist vielleicht das Grün der Habsburger Uniformen.«

»Wenn ich Sie langweile, Mister, brauchen Sie es nur zu sagen. Ich war nur ein einfacher Rohrschweißer auf dem Mars. Damit habe ich mein Geld gemacht. Was Sie sagen wollen, müssen Sie mit einfachen Worten sagen, damit ich es auch kapier. Ich bin immer noch ein einfacher Rohrschweißer.«

Der Mars war verschwunden, auch wenn er sich in Meyers Reflexionsbrille noch widerspiegelte, als Shackerton, Pagolinis junger smarter Assistent durch die Helligkeit des großen Raums auf sie zutrat. »Richtig, richtig, richtig, Mr. Meyer, mein Name ist Provis Shackerton, aber das ist unwichtig – ich will Sie nicht mit Nebensächlichkeiten aufhalten –, sagen wir ganz einfach, ich heiße Jones oder Chang, was Ihnen lieber ist, dann werde ich anfangen, Ihnen das Ganze zu erklären, und zwar in einfachen Einsilbenworten, wie Leute sie verstehen, die ihr Vermögen mit Rohrschweißen gemacht haben, einverstanden?« Er machte eine Höflichkeitsbezeigung, eine Mischung aus Verbeugung, Knicks und einer obszönen Geste.

»Mister Cecil Rhodes ist der Filmproduzent Nummer Eins der

ganzen Welt, richtig? Aber er ist nicht zugegen. Mr. Pagolini ist der Filmdesigner Nummer Eins der ganzen Welt, richtig? Er steht neben Ihnen. Er war einmal der Welt erster Umweltdesigner, richtig? Wie Sie vielleicht wissen, hat er Lhasa und alles darin aus einer nicht gerade vielversprechenden Gegend der Anden entworfen. Rhodes und Pagolini arbeiten nun zusammen, richtig? Mr. Pagolini dreht einen Film, der in groben Zügen auf das Buch von Jacob Byrnes, *Amphibien unserer Zeit*, aufbaut. Denken Sie sich nichts dabei, Mr. Meyer, wenn Sie noch nichts von ihm gehört haben; viele reiche heimgekehrte martische Rohrschweißer befinden sich in derselben schimpflichen Lage — außerdem ist er letzlich nur der größte Prophet unseres Vor- und Nachliteraturzeitalters —, und gleichzeitig wird Mr. Rhodes einen Film drehen über Pagolini, der seinen Film macht, richtig? Das einzige, worum wir Sie bitten, ist ein Kredit von x-Millionen, um die neunzehnhundertsiebziger Jahre wiederauferstehen zu lassen; als Gegenleistung überschreiben wir Ihnen einen noch zu bestimmenden Prozentsatz der Einnahmen beider Holofilme.«

Eine heimliche Nahaufnahme des feixenden Pagolini. Er spricht zu sich selbst mit englischem Akzent: »Der alte Idiot ist so dumm, daß er glaubt, Pathenogenese bedeutet so viel wie im Parthenon geboren zu sein.«

»Jaah, gut, dobro, nur was wollen Sie denn mit den Neunzehnhundertsiebzigern anfangen, wenn Sie sie haben?« Deutliche Neigung der Kinnlade, nach unten zu hängen —, könnte eine Auswirkung der Erdschwerkraft sein.

»Sie erschießen!« Ein Blick über die eifrig nichtstuenden Gäste. »Sie alle erschießen, jawohl, genau das tät ich gern!« brummt Molly und blinzelt den dicken Brillengläsern und dem hellen Bart Rhodes' zu. »So, und jetzt komm mit mir zu irgendeinem Fleckchen, wo wir uns in Ruhe unterhalten können.«

»Stört es dich, wenn ich mir einen Rauch genehmige?«

»Ich werde dich zu deiner Suite bringen. Was ist mit dir, Pagolini, Süßer, Liebling?«

Er ist gerade in ein Gespräch mit einem großen Mädchen in orientalischer Maske und mit nacktem Hintern vertieft und saugt eine sirupdicke Flüssigkeit durch einen Strohhalm. Auch ihr Strohhalm steckt im selben Drink, sie zieht jedoch – was vermutlich bedeutsam ist – noch nicht daran.

»Ich bleibe hier in der Nähe, Molly.«

»Kataleptisch, Süßer.«

Sie nimmt Rhodes' Arm und dirigiert ihn vorsichtig durch die Menge. Gesprenkeltes Licht und Schatten, wie von Sonnenstrahlen, die durch einen schwachbelaubten Baum dringen – die Pappeln der Provence vielleicht –, spielen über ihre Gesichter, als sie sich durch die elegant gekleideten, fröhlich blickenden Leute in dem langgestreckten Raum zwängen. Hier und dort steht ein nackter Mann oder eine nackte Frau zwischen den anderen Gästen. Eine dieser Nackten wird geistesabwesend von einem Mann und seiner Frau betätschelt, während sie sich mit einem kleinen Spielzeugclown beschäftigt.

Molly und Rhodes betreten den Tanzsaal, wo Stroboskoplampen im Rhythmus zum Beat leuchten. Die Stop-Start-Stop-Bewegungen des Tanzes sind abstrakt. In den Mikrosekunden der Dunkelheit sind die Gliedmaßen verrenkt.

»Einer meiner Freunde hatte vergangene Woche hier einen epileptischen Anfall. Das ist irgend so eine Krankheit.«

»Bahre, Guttapercha, Krankheit.«

Sie lachte, lehnte sich an ihn. »Dobro! Muß schrecklich gewesen sein, in den vergangenen Jahrhunderten. Zu wenig Menschen für alle –«

Rhodes' Bart zittert vor Gemütserregung, als er spricht.

»Der alte Byrnes hatte recht. Er ist ein wahrer Prophet. Ich lernte ihn – hab ich es dir nicht erzählt? – auf seiner Ranch in den Staaten kennen. Eine riesige Ranch, Gondwana. Wir haben dort gefilmt. Nicht besonders gut. Er erkannte, daß die wesentliche *Unterschiedlichkeit* des Menschen von anderen Spezies, seine Abhängigkeit von einander ist. Manchmal nennen wir es Liebe, manchmal Haß, aber immer ist es *Abhängigkeit.* So bildeten sich Gesellschaften, die einfach immer zu komplex für das Begriffsvermögen des normalen Einzelbewußtseins waren. Die Zusammenballung und Bildung solcher Gesellschaften ist es, der wir die Weiterentwicklung der menschlichen Rasse verdanken. Wir werden zu Treibhäusern. Größere Konzentration geht den *bedeutenderen kulturellen Fortschritten* voraus. Schon vor Jahren erkannte Byrnes, daß –«

Er untermalte seine Rede mit eindringlichen Gesten, auf eine Art, die sehr von seiner sonst recht kühlen unbeteiligten Sprache abweicht. Er schreit, um den durchdringenden Beat, dessen Wirkung vereint mit den Stroboskoplampen durch Mark und Bein geht, noch ehe er sie beenden kann, in dem Durcheinander der Tanzpaare unter, zwischen denen die Kamera auch Molly und ihren Gast verliert.

Statt dessen gönnt man uns einen flüchtigen Blick auf Quiller Singh, der mit seinem Laser 5 und Rosemary neben ihm, eine Serie von Haarnadelkurven nimmt.

Statt dessen setzt man uns das hinternfreie Mädchen vor, das Pagolini betörend anlächelt und ihm zuflüstert: »Man sagt, daß sie doch tatsächlich ihre Autos wechselt, wenn immer die Aschenbecher voll sind.«

Er blickt recht nachdenklich drein. »Schon möglich«, meint er schließlich. »Aber Sie dürfen nicht vergessen, daß sie in letzter Zeit viel weniger raucht.«

Sie faßt ihn bei der Hand und sagt: »Fahr mit mir in einem aschenbecherbetriebenen Auto, und wir werden all die Freuden kosten, die mächtigen Berge, Hügel und Haine –«

Er läuft mit ihr eine lange Treppenflucht hinunter und keucht: »Sollte es nicht heißen: ›und was werden all die Freuden kosten –‹?«

Als sie in den See taucht, springt er ihr nach und sie sinken tiefer und tiefer und lächeln sich an. *Alles, was wir sind, ward vor langer Zeit entschieden – und was wir sind dereinst* – eine Unzahl von Harfen begleitet den Hintergrundgesang. Auf dem Grund des Sees steht ein kleiner griechischer Tempel, um dessen Säulen Fische spielen wie flatternde Vögel. Hand in Hand treiben sie darauf zu.

»Das ist das Grün«, erklärt er ihr, »genau das Grün, das ich brauche. Wir steuern alle auf eine neue Ebene menschlichen Bewußtseins zu. Es ist das Grün von *Macbeth*. Kennst du *Macbeth?«* Das Du kommt ganz natürlich.

»War das der Kerl, der vor ein paar Jahren die ganze Strecke von Luna bis zur Erde geschwommen ist?«

»Nein, das war Behemoth oder ein ähnlicher Name. *Macbeth* ist ein Shakespeare-Film. Das ist das Grün, das ich haben muß!«

»Rigor mortis, Mann! Tut's denn nicht jedes alte Grün?«

»Nicht, wenn man Künstler ist. Bist du eine Künstlerin?«

Es war ganz weiß im Tempel. Weiß und Macbethgrün.

»Frag mich was anderes.«

»Läßt du mich bei dir liegen, sagen wir für dreiundvierzig Minuten?«

Erstaunt blickt sie von dem sirupartigen Zeug hoch, das sie durch den Strohhalm zu saugen begonnen hat, beinahe als hätte seine Phantasie ihren eigenen Gedankengang unterbrochen. »Was sagst du?«

Er starrt auf seine Uhr, studiert die Minuten-, Sekunden- und Mikrosekundenzeiger. »Vielleicht ist es die Mühe gar nicht wert. Ich habe dich gefragt, ob du ungefähr vierzig und eine halbe Minute mit mir liegen willst.«

Meyers Gattin rast brüllend durch den Palast. Sie schwingt eine lange asiatische Axt. Der Untertitel ist: *WIE EINE GEWÖHNLICHE AXT, ABER SCHÄRFER*. Sie schlägt alles kurz und klein, was ihr in den Weg kommt.

»Was macht sie denn?« erkundigt Shackerton sich.

»Sie schlägt alles kurz und klein, was ihr in den Weg kommt«, erklärt Meyer.

»Richtig, richtig, richtig!« Er geht auf Pagolini zu, der sich aus einem der Fenster lehnt und auf die Klosterdächer hinunterschaut. »Mrs. Meyer ist wahnsinnig geworden. Sehr gespenstisch. Sollten wir uns nicht lieber verabschieden, richtig?«

»Sie ist nicht wahnsinnig«, widerspricht Meyer, und kratzt sich als eine Art Entschuldigung am Ohr. »Es ist das Mutterkorn im Brot, das hat man mir jedenfalls gesagt. Mutterkorn im Brot – und du siehst rot!«

»Wie kataleptisch, hier Mutterkorn zu finden«, stellt Pagolini fest. Man sieht von hier aus Reihen von Häusern mit Balkonen, die sich von Ost nach West erstrecken. Den Mount Everest krönt ein gigantisches Plakat, auf dem mit riesigen Lettern *BAUPLÄTZE* steht, daß man es in einer Entfernung von Hunderten von Meilen noch lesen kann – und sogar weiter weg, wenn die Erde gerade abnimmt und man von Luna City mit einem guten Fernglas zu ihr hinaufsieht. »Das Mutterkorn hat in der Geschichte der Menschheit eine große Rolle gespielt. Wie ich hörte, wurde der Charakter der Franzosen durch verschiedentliche Anwendung des Mutterkorns durch die Jahrhunderte hindurch geformt. Das ottomanische Reich wäre schon zweihundert Jahre früher zerfallen, wenn die südwärts gegen die Türken marschierenden Armeen Peters des Großen von Wahnsinn erfaßt worden wären, den sie sich durch den Genuß von Mutterkorn zuzogen. Das stoppte sie in Astrachan. Notieren Sie sich den Titel, Shackerton – vielleicht kann man ein Lied daraus machen. Man weiß nicht, wenn man wahnsinnig –«

Während er spricht, bahnt sich Mrs. Meyer mit ihrer Axt einen Weg durch die Wandvertäfelung, die Möbel und die Beleuchtungskörper und kommt immer näher.

»Ich weiß, wann ich wahnsinnig bin! Und jetzt bin ich herrlich wahnsinnig!«

»Richtig, richtig, richtig!«

Meyers rennt zu einem riesigen Gummitguttsofa; das Platz für zehn bieten würde, schwingt es herum und legt einen Notschacht frei. Sie rutschen ihn hinunter. Mrs. Meyer folgt ihnen mit der Axt in der Hand. Als sie sich aus dem tiefen Schnee befreien, läuft sie an ihnen vorbei und beginnt, Pagolinis Hubschrauber zu zerstückeln.

»Sie hat etwas übrig für einen hübschen Schwirrvogel, meinte Mary, wenn der Anfall sie überkommt«, erklärt Meyer mit einer Spur von Stolz in seiner leidgebrochenen Stimme.

»Bahre, kompliziert, Guttapercha, Schwirrvogel«, sammelt Pagolini die Worte. Er wirkt ein wenig ungeduldig.

»Weiber«, brummt Meyer verdrießlich. Nun ist er ins Hintertreffen gekommen. Er geht verärgert auf eines der Rotorblätter zu, stützt eine Hand ins Kreuz, als er sich bückt, und hebt eines der vielen von der Axt gespaltenen Teile auf.

»Nun werde ich wohl die Neunzehnhundertsiebziger finanzieren müssen«, knurrt er. »Menschen ändern sich, scheinbar ohne Grund. Kräfte entstehn und entwickeln sich bunt —«

Die Axt kommt geflogen und säbelt ein Stück von Shackertons Allerwertestem ab. Schreiend stürzt er in den Schnee.

Die ganze Leinwand scheint in Blut getaucht. Eine Schrift leuchtet auf: *BEKANNTMACHUNG FÜR ALLE JENE, DIE JETZT DAS THEATER VERLASSEN WOLLEN —*

Eine Zeitlang hängen diese Worte im Nichts, ehe der Rest erscheint, aber die Ausblendung dauert so lange, daß die beiden Schlußwörter ausgesprochen verwirrend ineinanderfließen und es eine Weile dauert, bevor auch der zweite Teil des Satzes leserlich ist.

Die Schmerzensschreie Shackertons lassen nach, als nun die Schrift klar erkennbar wird: *WIR GARANTIEREN, DASS DER REST DES FILMS UNBLUTIG IST.*

»Findest du nicht auch, daß es ein richtiger Wirrwarr ist?« fragte Rhoda, als Byrnes ausschaltete.

»Das Leben?«

»Die Rhodes Epik.«

»Zu einem gewissen Teil.«

»Ach, Jake, gib es doch zu. Es ist nichts als eine große Scheiße.«

»Das Leben?«

»Da fehlt jede Verbindung zu deinem Buch, aber auch jede. Habe ich nicht recht?«

»Richtig, richtig, richtig!« Er grinst. »Komm, mixen wir uns einen guten altmodischen Drink mit Alkohol von der Art, wie sie die Holovisionsknilche nicht mehr trinken.«

Als sie in das etwas unmoderne Wohngebiet zurückkehren, wo ein Alligator mit offenen Augen neben einem Elfenbeinpool vor sich hin döst, sagt er: »Nein, Liebling, Rhodes hat wohl an mein Buch angeknüpft. Er ist eben zweite Generation. Er findet das Buch zu kritisch, zu altmodisch, aber weil ihm die Aussage schon vor so langer Zeit klargeworden ist, handelt er beinah instinktiv danach.«

Sie lächelt, überkreuzt ihre langen Beine und setzt sich darauf, als sie sich am Schwimmbecken niederläßt und liebevoll das durch Drogen zahme Tier streichelt. »›*Beinah*‹, *Bahre, Guttapercha, Schwirrvogel*, was war das andere?«

»*Bildung*. Die Massenpsychose der neunzehnhundertsiebziger Jahre war lediglich der Anfang des Durchbruchs zu einer höheren Ebene des menschlichen Bewußtseins. Das ist es, was wir nun miterleben. Noch vor ein paar Jahren wäre Rhodes' Epik kaum verständlich gewesen. Er hat eingesehen, daß Lesen und Schreiben abgeschafft werden müssen, genau wie ich vorhergesagt habe.«

Sie nimmt ihm den Drink ab, den er ihr gemixt hat, und stellt das rauchige Glas auf den Schädel des Alligators.

»Du hast mir schon früher erklärt, warum das Lesen und Schreiben abgeschafft werden muß, aber ich verstehe es immer noch nicht. Es hat irgend etwas damit zu tun, daß wir mehr Dimensionen brauchen, stimmt das?«

»Die lineare Sache, ja. Wichtiger ist jedoch, daß wir Sinne wiedergewinnen, indem wir die Bildung abstreifen. Jene, die des Schreibens mächtig waren, beherrschten die Welt über – nun, wie lang? – zehntausend Jahre. Eine sehr mächtige Minderheit, aber eben nur eine Minorität in fast jeder Kultur, die man aufzählen kann. Sie waren die Schreiber, und sie formten die Zivilisation. Rhodes, und noch mehr die Generation nach ihm – die wahren Erben dieses fremden neuen Jahrhunderts – schütteln die lähmenden Auswirkungen des Lesens und Schreibens ab und gewinnen all die Sinne zurück, die geopfert werden müssen, um eine gedruckte Seite zu begreifen und die Kultur, die damit zusammenhängt.«

Rhoda nahm einen Schluck aus ihrem Glas und ließ sich danach ins Wasser gleiten. »Und dieses Abschütteln der Bildung, wie du es nennst, ist das Erlebnis der Computerisierung?«

»Ich sehe es so – hübsch siehst du aus! – als das Resultat des sich weiterentwickelnden menschlichen Verstands. Wir haben uns nie mit unseren beschränkten Sinnen zufriedengegeben. Die ersten Menschen malten und entwickelten Waffen, um ihre Psychosphäre zu erweitern. Aber einige der Sinne, mit denen wir geboren wurden, gingen in der Weiterentwicklung, im Kampf ums Dasein, verloren, so wie Meyer seine Anlagen im Kampf ums liebe Geld brachliegen ließ. Nun, da die Computer uns einen großen Teil unserer Last abnehmen, wollen wir viele unserer alten Freiheiten zurückgewinnen –«

Sie lächelte zu ihm auf, als er sich auszog.

»Du haariger alter Affe! Komm zu mir ins Wasser. Und bring Horace mit!«

»Du und ich, Rhoda, meine ewige Liebe, wir sind der erste Mann und die erste Frau auf diesem Planeten.« Und er sprang zu ihr in den Swimming pool.

»Ah, das weibliche Element!«

Die Männer des Kamerateams, zwei sitzen auf dem breiten Treppenabsatz vor Rhodes' Zimmerflucht, trinken Buttermilch und essen Hühnersandwichs. Das Treppenhaus ist von Molly höchst eigenhändig gemalt, und zwar in grellen und aufdringlichen Bonbonfarben mit von khmerischer Kunst beeinflußten Grabornamenten und der Morphologie der Insekten. Die Männer kauen und unterhalten sich mit vollem Mund.

»Wie wohl Danko und seine Leute weiterkommen –«

»Jaah –«

»Glaubt ihr, sie lassen uns hier schlafen?«

»Du kennst doch das Commo-kapitalistische System – wir werden die Nacht schön brav am Strand verbringen.«

»Welcher Strand? Du meinst wohl die Berge!«

»Junge, Junge, du bist im falschen Film.«

»Alpha. Mir schwirrt tatsächlich schon der Kopf.«

»Was macht sie eigentlich da drinnen mit Cecil? Sie ist doch keine Thaifrau. Ich kann mir nicht vorstellen, daß sie viel Glück bei ihm hat.«

Hinter seinem kauenden Mund, bevor er das Hühnersandwich wieder an die Lippen führt, sehen wir die Tür aufschwingen und Molly herauskommen. Wir gleiten schnell durch die Tür, ehe sie sich schließen kann.

Rhodes poliert gerade seine Brillengläser; ohne sie wirkt sein Blick sehr milde, aber das täuscht.

»Schußwaffen-und-Uhr-Zeit –«

Er schleudert seine Stiefel von sich.

Am Gang seiner Suite ist eine Anordnung von Bildschirmen. Er schaltet sie ein. Überall ein Blick auf die dichtgedrängten Menschen, einmal aus der Ferne, einmal ganz nah, daß sogar die einzelnen Poren im Gesicht zu erkennen sind, je nachdem, wie er gerade an den Knöpfen dreht. Gleichzeitig spielt er mit dem Lautstärkeregler. Der Ton kommt, schwindet, wird unerträglich laut. Wir sehen Meyers weinend durch den Schnee rennen, verfolgt von seiner Frau, die immer noch die Axt schwingt. Ausschnitte aus Pagolinis Phantasie, das Schwimmen zum Tempel – was er träumte, erlebt ein anderer tatsächlich, denn die Erde ist so übervölkert, daß der Zufall gleichkommt, mit *Bahre* und *kompliziert*. Aufnahmen von Danko Brankić, der immer noch geräuschlos über die menschenüberlaufenen Gassen der Mittelmeerurlaubsorte fliegt. Byrnes treibt mit dem Bauch nach oben in einem Schwimmbecken neben einem Alligator und einer Blondine. Quiller Singh zieht mit seinem Laser 5 im Triumph in Katmandu ein.

Rhodes lacht.

»Großer alter prähistorischer Mann, dieser Byrnes! Wir haben ihn überholt. Haben sie alle überholt. Ein neuer Menschenschlag ist im Kommen.«

Nach kurzer Überlegung dreht er an einigen Knöpfen, dann eilt er zurück in das anschließende Zimmer mit den Insektenkörpern aus Kunststoff. Er stellt den Monitor und Scanner so ein, daß er sich in voller Größe auf dem Bildschirm sehen kann. Er beginnt seinen Auftritt und spricht, nein ›rezitiert‹ ist das bessere Wort.

»Überall auf der Erde krabbeln und kriechen Menschen, dicht an dicht, aber es gibt immer noch Platz für mehr – Byrnes erkannte es als erster –, dieser Film ist ein Tribut an ihn, noch während seines Lebens. Er erkannte, daß die Bevölkerungsexplosion etwas

Positives ist, daß sie aus unserer Liebe für die Kinder entstand, für immer weiteres Leben. Er erkannte, daß der steigende Bevölkerungsdruck notwendig ist, den Menschen in sein nächstes Existenzstadium zu zwingen, in eine neue Bewußtseinsebene, eine größere Vollkommenheit. Aus der Massenpsychose des zwanzigsten Jahrhunderts erhebt sich nun eine neue geistige Gesundheit. Jetzt, da wir den gesamten Bevölkerungsaufbau unter völliger Kontrolle haben und unsere willkommenen neuen Münder zu füttern vermögen, haben wir nichts mehr zu befürchten als unsere alten Ängste –«

Er brach in Lachen aus.

»Schneiden! Ich rede da einen Zwanzigstenjahrhundertquatsch zusammen! Einen Fuß in der Vergangenheit, so bin ich – aber wir werden es schon schaffen. Eine weitere Generation, Psyche, die gegen Psyche klirrt, daß die Funken stieben – man muß es sehen –«

Seine Stimme wird leiser, unverständlich. Er begibt sich zur Hausomnivision und schaltet sie ein. Zimmer nach Zimmer von Mollys Palast erscheint auf dem Schirm, manche menschenleer, manche sogar ohne Mobiliar, andere dagegen mit dicht aneinandergedrängten Männern und Frauen. Er kommt zu einem Raum, in dem der Monitorschirm eingeschaltet ist. Er sieht sich selbst darauf.

Die Frau, die ihn gerade auf der Scheibe betrachtet, fährt überrascht auf, aber sie lächelt. Sie winkt ihm zu. Ihre Lippen bewegen sich, doch Rhodes hat den Ton nicht laut genug eingestellt. Er dreht weiter. Er sucht und sucht nach einem Nest mit Thaimädchen. Molly muß doch irgendwo eines in ihrer Burg haben.

Er schaltet auf die Terrasse um und zoomed Pagolini heran, der sich eben erhebt und die Hand seines hinternfreien Mädchens hält.

»Kennst du den Film, *Kinderautorennen in Venedig?*«

»Das ist ein Film?«

»Ein historischer, recht bekannter sogar.«

Rhodes fummelt am Lautstärkeregler herum. Ihre Stimmen sind entsetzlich laut, dröhnen durch das ganze Zimmer, und werden noch lauter, als Pagolini und das Mädchen sich von der Kamera entfernen.

Pagolini unterhält sich mit Byrnes und Rhoda in einer Kathedrale. Sie schreiten auf und ab. Es ist eine ungewöhnliche Kathedrale, sehr wuchtig – möglicherweise der Dom in Saragossa in Spanien.

»Hier wollen wir die neunzehnhundertsiebziger Jahre wiederauferstehen lassen. Die Kathedrale wird nicht mehr benützt, außer als Touristenattraktion – in der Hauptsaison kaufen sich an die fünfzigtausend täglich ihre Eintrittskarten am Schalter. Ich habe sie erstanden. Vor einigen Jahren wurde hier *Macbeth* aufgeführt, ich führte die Regie. Ich mag die Farbe.«

»Vielleicht sollten wir in der Nähe Urlaub machen und Ihnen beim Drehen zusehen«, schlug Rhoda vor.

»Wissen Sie, was ein Macbethgrün ist?«

»Natürlich, die Wiese, wo die drei Hexen sich trafen.«

»Sie sind eine Dame der alten Schule.«

»Sie müssen meine Anschauung deutlich machen, Signor Pagolini, daß die Städte ein Symbol des Sterbens der alten menschlichen Psyche sind. Die Romantiker sind das Schlimmste. Ihre Städte versinken langsam unter der Oberfläche. Denken Sie nur an Kublai Khans Vergnügungspalast und die unterirdischen Gänge bei Poe. Zum Teil waren sie eine Folge des Opiums, aber nur zum Teil.« Während er spricht, hält er an, um die verschnörkelte Stuckornamentik zu betrachten, dabei bemerkt er gar nicht, daß Pagolini mit Rhoda weitergegangen ist. »Bei den späteren Schriftstellern verblaßt die Psyche noch mehr. Die Werke von Cocteau und Asimov sind Beispiel dafür. Asimov hat ganze unterirdische Planeten – wenn man so sagen kann – psychischer Tod vor der Wiederauferstehung. Die Dunkelheit vor der Renaissance –«

Eine wirklich gelungene Aufnahme von Pagolini und Rhoda folgt, als sie fast am anderen Gangende unter einem der hohen Fenster stehenbleiben. Sie zögert, als möchte sie zu Jake zurückkehren. Jakes Stimme ist hier nicht zu hören. Ehe Pagolini sich ihr zuwenden kann, erscheint ein Mädchen am Hauptportal, in hereindringendes Licht gehüllt. Möglicherweise ist es das Mädchen, das er später auf Mollys Terrasse entdecken wird. Sie trägt ein langes, weichfliegendes, leichtes Gewand, das nach einem Gemälde von Walter Crane entworfen sein könnte. Als Pagolini sie erblickt, zögert er und dreht sich um, um zu sehen, was Rhoda macht. Die Personen sind wie erstarrt, verwandelt. Das alles aus der Entfernung von Byrnes Säule aus gesehen.

Rhoda macht eine kaum merkliche Handbewegung. Byrnes interpretiert sie als Zustimmung. Mit einer leichten Verbeugung wendet er sich dem Portal zu, dem Sonnenlicht und dem Mädchen dort. Hinter ihr ist die Menschenmenge auf dem Kathedralenplatz etwas verschwommen zu erkennen. Das Kamerateam wartet dort, bereit, den gloriosen Augenblick auf den Film zu bannen, wenn Pagolini aus der Kathedrale tritt. Ist das nicht Rhodes auf dem Kamerawagen?

Die Orgel spielt Georgi Mushels *Orgelsuite* – ein etwas zweitrangiges Stück.

Eine geradezu erhebende Aufnahme Pagolinis, der sich unter dem Portal in Pose stellt. Nun erkennt man es – die Kathedrale ist der Pennsylvanien-Bahnhof.

Eine weitere Kathedralenfassade, oder zumindest ein monströses Gebäude. Der Schatten des Muskelflugzeugs senkt sich herab. Das Flugzeug landet. Während die fünf Ruderer müde die Arme hängen lassen, springen Rhodes und Brankić flink heraus.

Rhodes spaziert über die Strandpromenade, den Kopf gesenkt, die Hände auf dem Rücken verschränkt. Er wirkt recht niedergeschlagen.

KEIN GRUND ZUR BEUNRUHIGUNG – ES GIBT EIN HAPPY END

Brankič müht sich hinter ihm mit einem Haufen Filmrollen ab.

ODER ES ENDET ZUMINDEST NICHT UNERFREULICH, SAGEN WIR SO

»Wir müssen natürlich auch unsere teuren Dahingeschiedenen mithereinnehmen. Wo wären wir denn alle, ohne die zahllosen Generationen vor uns, die unseretwillen lustig dahinkopulierten?«

Brankić grinst. »Sie wollen ja gar nicht wirklich ein Holo drehen, sondern das Leben wiederauferstehen lassen.«

Nun grinst auch Rhodes. »Richtig, richtig, richtig«, äfft er.

Auf den schneebedeckten Berghängen über ihnen, sieht man rennende Figuren. Mrs. Meyer, ohne Axt, nun da ihr Irrsinn sich gelegt hat. Sie weint, während sie vor ihrem Mann flieht, der sie die Axt schwingend verfolgt. Eines Tages sind wir so weit, wie es das Lied vorhersieht, das jetzt laut ertönt: *Alles werden wir sein, was wir sind.* Lauter und lauter erklingt es, bis es vom Ticken einer Uhr noch übertönt wird. Unsere letzte Gelegenheit, ein riesiges, das ganze Bild einnehmende Zifferblatt zu betrachten, ehe die Lichter aufflammen.